焦慮來了，怎麼辦？

河馬先生與動物朋友們的互助聯盟與自救之旅

繪畫療癒師・心理諮詢師

王蕾——著

推薦序

與焦慮相伴,找到屬於自己的優勝美地

王意中
王意中心理治療所所長
臨床心理師

我的核心情緒是焦慮。

注意力總是落在今日與未來尚未發生的事。在外縣市的演講行程移動中,來回交通轉乘十趟已是工作日常。

時間與時間之間,像是排排站立的骨牌,稍一不慎,錯過時間,骨牌全倒。

生活中,焦慮感瀰漫著。唯如同其他情緒一樣,焦慮也有它存在的必要與意義。

適度的焦慮，讓自己保持警覺，維持安全，讓自己警慎，表現更臻理想。

然而，當焦慮超出每個人可以負荷的界限，將宛如海水潰堤般，頓時讓人動彈不得，生活停滯，工作停擺。

焦慮性疾患，透過不同的症狀呈現，總是令人深感束手無策，無人知曉的苦楚，只能獨自默默承受。

《焦慮來了，怎麼辦？》透過河馬先生與動物朋友們的互助聯盟與自救之旅，讓人們不再感到孤單。

原來，深陷焦慮的巢臼，不是只有自己這般。

由於，焦慮無所不在，如何與焦慮和平共處，成了自己每日的練習課題。

覺察、轉念、行動，無時無刻運作著。

很是欣慰，如此的勤練習，逐漸地讓焦慮成為了自己的好知己。

《焦慮來了，怎麼辦？》透過平易近人的圖文，將焦慮性疾患相關議題，親切地讓讀者理解、吸收。讓人對於焦慮有煥然一新的想法，不

再對於焦慮感到莫名的抗拒。

　　讓我們欣然接受，當下的每個情緒。學習如何與焦慮相伴，找到屬於自己的優勝美地。

推薦序

正確認識並接納焦慮,是緩解焦慮的開始

陳志恆
諮商心理師、暢銷作家
現任臺灣 NLP 學會副理事長

現實生活中,不少人為焦慮所苦。一開始,是為生活中的某事感到焦慮,後來,因為過度焦慮而引發身體不適、睡眠失調、無法專注,甚至影響工作及人際關係,焦慮本身就變成了困擾。

嚴重一點,還可能會被專科醫師診斷為焦慮症。

一開始,大部分的人會希望自己「不要焦慮」,身邊的人也會告訴你:「不要擔心這麼多

嘛！」然而，這麼做對於擺脫焦慮，根本無濟於事。

在《焦慮來了，怎麼辦？河馬先生與動物朋友們的互助聯盟與自救之旅》這本書中，作者用淺顯易懂的圖文讓我們知道，**緩解焦慮的先決條件是：（一）認識焦慮的本質；（二）接納而非對抗焦慮。**

大象醫師在治療團體中，引導大家思考：「面對」和「對抗」的不同，態度不同，就會帶來不同的結果。

此外，被焦慮所困的人，常會出現許多災難性的思考，腦中突然浮現「萬一……怎麼辦？」的念頭，一般人會說這是「想太多」。但光是要求自己「不去想」，反而會「想更多」。

比較好的做法，是改變想法，把不合邏輯的思考內容，調整成較符合現實的想法，這是認知療法常見的治療方式。

這本書除了帶領讀者認識處理焦慮情緒的方法外，還讓讀者知道，有一種治療途徑叫做「團體諮商」。

河馬先生、兔子太太、豬先生、蜥蜴奶奶、

鴨小弟等為焦慮所苦的動物們,齊聚一堂,在大象醫師的帶領下,一同討論與面對焦慮。

在團體諮商中,成員有機會分享自己的痛苦,聆聽他人的煩惱;不僅感受到自己並非孤單一人,更能互相支持、彼此打氣。人際支持通常是療癒心理困擾的關鍵要素。

欣見有這麼一本輕薄易讀卻精彩的圖文書問世,肯定能為被焦慮所苦的人帶來希望與力量。

前言

在現代化的生活中,越來越多的朋友開始焦慮,擔憂未來,鬱鬱寡歡。實際上,焦慮本身沒有好壞,適當的焦慮,是身體自身的一種防禦功能,可以促使我們脫離危險,解決困境。但如果你長期處於焦慮狀態,透支身體,甚至影響到正常的生活,就要特別注意了。

本書試圖通過淺顯的文字與圖畫,對焦慮與焦慮症的表現進行科普,同時去掉晦澀難懂的專業術語,希望能夠幫助大家輕鬆地閱讀。本書從發現焦慮症,到對焦慮症的治療都有涉及,最大的作用,是幫助讀者朋友們進行焦慮情緒的自我修復,文中所提及的每一項練習,都是筆者親自

體驗並有效後,推薦給大家的。

神奇的是,在研究不斷深入後,我發現其實身邊的很多朋友甚至親人都陷入了焦慮之中,雖無需就醫,卻苦惱、煩惱不斷。我希望本書能夠幫助他們清掃附著在表面的塵土,成為引線,幫助他們點亮屬於自己的那一盞明燈,照亮生活。

佛陀說:「若是琴弦鬆弛則彈奏不出美妙的音樂,若是琴弦繫得過緊,彈奏時就會斷裂。繫弦應不鬆不緊為宜,各弦相互協調,方能奏出如是妙音。」

生活亦是如此。「安住當下」,願每個人都能尋找到適合自己的節奏。

推薦序
- 與焦慮相伴，找到屬於自己的優勝美地　王意中 ／ 3
- 正確認識並接納焦慮，是緩解焦慮的開始　陳志恆 ／ 6

前言 ／ 9

第一章　河馬先生得了怪病

- 突然間的失控，感覺自己快要死了 ／ 16
- 「有毛病的心臟」檢查卻無異常 ／ 21
- 「手術成功」讓河馬先生更絕望了 ／ 25
- 地鐵裡快要窒息的恐懼 ／ 28
- 河馬先生變得更加焦慮易怒 ／ 30

第二章 遇到同樣危機的動物們

- 遇見大象醫生 ／34
- 患失眠症的兔子太太 ／38
- 兔子太太能回家工作了 ／45
- 不停洗手的蜥蜴奶奶 ／52
- 患懼曠症的刺蝟先生 ／55

第三章 大象醫生的團體輔導

- 第一次團體輔導 ／60
- 面對焦慮而不是對抗和逃避 ／66
- 帶著「有毛病的心臟」去工作 ／71
- 癱瘓的狗爺爺竟然可以下床走路了 ／77

第四章 河馬先生出院後遇到的困惑

- 鎮靜藥物可以不吃嗎？ ／82
- 什麼是真正的接受 ／86
- 這病真的能痊癒嗎？ ／89

第五章 河馬先生的抗焦慮互助聯盟

- 肌肉放鬆訓練能有效地消除緊張 ／ 94
- 對於失眠我們可以做些什麼 ／ 101
- 清晨起床的那一刻非常重要 ／ 105
- 焦慮鴨小弟讀高三最大的擔心 ／ 108
- 讓自己有事可做又不太忙碌 ／ 113
- 尋找有智慧的朋友幫助你思考 ／ 117
- 「自我關照」是計畫裡的重要部分 ／ 124
- 運動可以緩解焦慮,仍需注意這些 ／ 128

第六章 為家人求助的長頸鹿太太

- 被家人理解是最重要的能量 ／ 134
- 幫助家人制訂一個輕鬆的工作計畫 ／ 138
- 帶著關愛讓步,不要急於讓他振作起來 ／ 141

第七章 走出焦慮的思維模式

- 「冥想」是讓思緒寧靜的法寶／146
- 讓「焦慮的思緒」待一會兒／152
- 用「現實的陳述句」替換「恐懼的自我對話」／157
- 用「疑問句」轉換思維模式／161
- 幫助你走出焦慮的筆記本／164
- 潛意識悄悄指引著你的人生／168

第八章 感謝焦慮讓我完美蛻變

- 更容易患「精神官能症」的疑病素質／174
- 神經質者其實都是優秀的／183
- 刷朋友圈會讓你變得更焦慮／191
- 別人只看得見你飛得高不高，並不在意你活得累不累／196
- 身體比我們更瞭解自己／200

結語 當我真正開始愛自己／203

第一章

河馬先生得了怪病

突然間的失控,感覺自己快要死了

今天是平凡而又忙碌的一天,河馬先生正在為公司的一個大專案準備方案。這個專案關係到今年的任務指標是否能夠順利達成,為此河馬先生已經忙碌了近兩個月。噠噠噠,時鐘的指針指到了晚上 10 點整。想到明天一早還要去開提案會議,河馬先生放下手中的文件,準備睡個早覺。

然而就在這一刻,河馬先生突然眼前一黑,接踵而至的是莫名其妙的心悸。河馬先生趕緊

坐下來，但是這種感覺並沒有停止。他的心跳越來越快，胸口緊悶，呼吸急促，就快吸不到氣的感覺。

　　天呀，我這是怎麼了？感覺我就快要死掉了。難道我患心臟病了嗎？天吶！

　　河馬先生覺得自己的心臟狂跳不已，幾乎要爆裂開來。他一動不動地躺在床上，生怕動一動就會加重對自己的傷害。與此同時，恐懼的情緒不斷向他襲來⋯⋯

　　我這是心臟有問題了嗎？

　　會不會是心臟病、心肌梗塞⋯⋯隨時都有可能猝死？

　　如果我生病不能工作可怎麼辦啊？一大家子還等著我養活呢！大筆的開銷怎麼辦？房貸車貸怎麼辦？要是還不上貸款，銀行催怎麼辦？

　　⋯⋯

　　就這樣，可怕的思緒一晚上都在河馬先生腦海裡打轉。

　　這一夜，河馬先生怎麼也無法入眠⋯⋯

　　接下來的這幾天,河馬先生一直陷入擔憂中,不知道這樣可怕的經歷什麼時候會再次襲來。一連幾天他都處於緊張和焦慮的等待中,還時不時摸摸自己的脈搏。

　　慶幸的是,連續一個星期,心悸都沒有發生。

　　河馬先生幾乎忘記了這件事情。然而就在一次會議上,令他恐懼的情況又一次發生了。這次是公司年終的總結大會,作為部門經理的河馬先生需要彙報工作,總結本年度的任務還沒有完成。河馬先生突然又感覺到心跳加速,呼吸急

促,開始大汗淋漓,手腳發麻,同事們見狀趕緊將他送往醫院。

去醫院的路上,河馬先生躺在汽車後座,心跳還是沒能變慢。此刻他恐懼極了,隨著恐懼的蔓延,呼吸更加急促,身體及四肢開始逐漸發麻。不知道為何會出現這種不正常的狀況,河馬先生的恐懼急劇增加,麻木的感覺慢慢侵襲全身。

「我感覺自己就快要死了,就快要見上帝了,我該怎麼辦?……」

河馬先生越想內心越恐懼,隨著恐懼的來襲,心悸又不斷襲來,心跳越來越快。此時,好

在他的頭腦還是清醒的,想著要趕緊交代後事。他好不容易從口袋裡掏出手機,給老婆打電話:「我,快不行了!我衣櫃的第二格裡有張提款卡,裡面是我存的所有的錢,密碼是你的生日!家裡的孩子們,全都靠你了。如果我走了以後,你找個好人家,好好待孩子!我的爸媽,也麻煩你有時間就幫我看看……」

　　到了醫院門口,河馬先生使出最後一絲力氣,感覺心臟就要從喉嚨裡跳出來,朝著急診室飛奔而去,大喊著:「醫生救命!我心跳快,胸悶,喉嚨乾,全身麻!救救我醫生!醫生救命!」

「有毛病的心臟」檢查卻無異常

急診室裡，羚羊醫生不慌不忙，掛上聽診器，讓河馬先生躺在病床上，詢問情況。然後安排抽血，掛上心電圖監護。

可是，給河馬先生打點滴、吸氧氣後，他的症狀仍沒有減輕。

河馬先生躺在病床上，心跳又重又快，心電圖顯示心跳在每分鐘125下左右，瀕死的感覺持續襲來。

　　直到一兩個小時後,河馬先生才逐漸恢復正常。第二天一大早,河馬先生被安排做了 24 小時檢測心電圖,需要持續監測。

　　羚羊醫生說,檢查結果顯示沒有明顯的器質性問題,單純的竇性心動過速,可能是心律不整導致的症狀,屬於心絞痛!開些降低心率的藥物,觀察一下就可以院了。

　　河馬先生懸著的心終於落下來了,原來是心絞痛,不是什麼要死的大病。

然而就在他辦理出院手續的時候，戲劇性的一幕再次發生。

儘管已經吃過了降低心率的藥物，河馬先生排隊拿藥的時候，他再次出現類似興奮、恐慌的感覺，然後心跳又一次逐漸加快……

雖然帶著疑惑，但河馬先生還是出院了。很明顯，不幸還在繼續！

河馬先生真的擔憂起來了。這一次，他不僅擔心再次發作，還擔心有更不好的事情發生。會不會自己得了不治之症，醫生沒告訴自己？

現在他的胃開始翻騰，手心冒汗，心臟時常跳得飛快。

他變得更加害怕了。

晚上他害怕睡覺，一到夜裡，常常會被憋醒，心跳加快、胸悶、呼吸困難，必須要立即從床上坐起來，才能夠有所好轉。

想起醫生說的「回家檢測血壓和脈搏，注意休息」，河馬先生躺在床上不敢亂動，好像自己動一動，那「有毛病的心臟」就會再出什麼問題。

身體雖然在休息，可大腦一刻也停不下來。

各種糟糕的畫面,在他的腦海裡不停地翻騰著。

躺在床上的時間越長,這種緊張和憂慮的感覺也越強烈。他時不時地把手指放到脈搏上,總感覺心臟跳得飛快。有時候,他感覺心臟的跳動簡直就像擂大鼓一樣,吵得心神不寧的。他把兩個枕頭靠在一起,把耳朵放在中間,這樣才會感覺心跳的聲音要小一些。

「手術成功」讓河馬先生更絕望了

河馬先生每天無精打采,生活如同複製貼上,也沒有力氣做什麼事情,除了躺在床上,就是窩在沙發裡。家裡人都很著急,希望他能夠快點恢復到以前的樣子。家人為他聯繫了動物中心最好的醫院,下定決心,這次一定要把他的病治好。

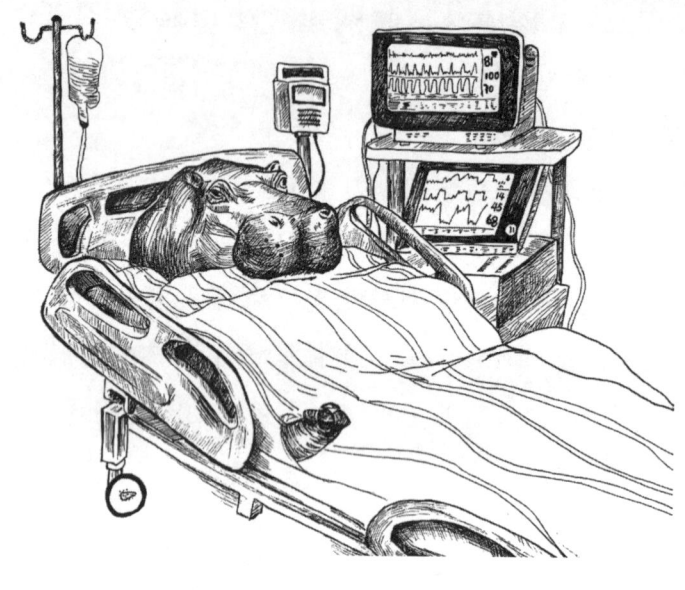

　　河馬先生坐飛機來到醫院,把所有的檢查都做遍了,心肺內科也跑遍了,各種懷疑可能的病症都檢查了,還是一切正常。當然醫生也非常負責,不放棄任何可能性,最後懷疑是「輕微的中樞性睡眠呼吸中止症與慢性失眠」,建議做懸雍咽顎整形手術。這個手術可以讓呼吸變得順暢,解決晚上突然被憋醒的問題。

為了能夠儘快地擺脫困境,把病治好,河馬先生懷著忐忑不安的心情進入了手術室。但是老天總是在開玩笑,在手術出院後的第二天下午,他吃完午飯正準備補眠,剛睡下去沒多久,突然心裡一陣恐懼感油然而生。在接下來的幾天裡,河馬先生在睡著後突然發作,瀕死感的次數變得多了起來。他第一次開始感受到絕望的心情,心想著手術可能白做了。

更讓河馬先生感到絕望的是,做完手術後,喉嚨一直有嚴重的異物感。

在醫院進一步檢查後,醫生說沒有任何問題,手術很成功。

河馬先生再次陷入了無盡的絕望之中,感覺老天爺是故意折磨他,自己成了被全世界拋棄的人,什麼事情都在無形中消磨自己。

心情越發焦慮和不安,河馬先生每天都活在無盡的無奈和絕望中。

不堪重負的河馬先生,用盡了最後一絲力氣後頹然地倒下了,家人在旁邊也一籌莫展。

地鐵裡快要窒息的恐懼

　　河馬先生每天都在不安和恐懼中度過，惱人的恐慌時不時侵襲著他，而河馬先生還要努力表現得像個正常人一樣。

　　不幸的是，越害怕什麼就越來什麼，恐慌往往就發生在他認為最不合時宜的場合。

　　一次準備搭乘地鐵上班時，看著來來往往的人群，以及讓人透不過氣的車廂，河馬先生不適的感覺再次襲來，他覺得呼吸困難，馬上就要窒息暈厥了。於是，河馬先生趕緊退回來了。

　　慢慢地，河馬先生害怕出門，甚至都不願意坐公車地鐵。他害怕萬一心悸又突然發作了怎麼辦？

　　河馬先生的身體裡像是有兩個聲音在對話，一個聲音說：「地鐵有什麼好怕的？大家不都在坐嗎？你也應該可以坐！」另一個聲音說：「不行啊，我感到快要窒息，就要暈倒了。我不能進地鐵，我腿已經僵硬了。」又一個聲音響起：「走

起來,加油走過去,一定會走到那兒的……」

然而,他越是強迫自己,心裡就越是緊張,身體也越來越僵硬、動彈不得。

河馬先生變得更加焦慮易怒

漸漸地,情況越來越糟糕。河馬先生開始變得食欲不振,體重下降,覺也睡得越來越少,而這又使得河馬先生更加疲勞和焦慮。

有一天,他出門遇到鄰居斑馬太太,斑馬太太很驚奇地看著他:「河馬先生,許久不見你怎麼這麼消瘦憔悴。聽說你病了?是怎麼回事,好些了嗎?」原本鄰居關心的話語,在他聽來怎麼

都像是嘲諷。漸漸地,河馬先生再也不願意出門了,因為他害怕看到其他人。

河馬先生變得越來越容易發怒,有時會因為一句話莫名其妙地發火,隨後又陷入無限的悲傷和自責中。

在辦公室裡,河馬先生與同事的關係變得很糟糕,無法專心思考工作的問題,也常常因為一點點小事情,發很大的火。有一次,因為杯子被同事放錯了位置,他大罵同事。雖然河馬先生知道,大家都在看他怎麼無理取鬧,怎麼發洩,但是,他就是控制不了自己。

沒過多久，河馬先生就被老闆請去喝茶，委婉地告訴他，他不適合現在的工作，建議他回家休息。

　　這下可好，河馬先生不但拖著個病體，連立下汗馬功勞的公司也容不下他了。經濟的窘困和身體的苦痛雙重襲來。每到夜深人靜的時候，河馬先生整夜整夜地睡不著覺，一開始是等待心悸的到來，現在，是各種念頭在腦海裡飄過，如同一個堅固的籠子關住了他，怎麼也找不到出口，他的心中只有無盡的擔憂。

第二章

遇到同樣危機的動物們

遇見大象醫生

不堪重負的河馬先生，用盡了最後一絲力氣後頹然地倒下了，準備就這樣等待著命運的擺佈。

然而未曾想到，正當他準備放棄的時候，命運又出現了新的轉捩點。

一天，河馬先生上網時，看到一個網友說，他患了焦慮症，病情發作的情況與河馬先生一模一樣。難道，我這個也是焦慮症？難怪看遍了醫

院的所有內科，就差去神經內科，怎麼也沒有想到，我會患神經疾病！

對精神病的認知，讓河馬先生的內心還是很排斥。但是為了能夠好起來，他還是走進了神經內科。

看病的是大象醫生。心理諮詢室和普通的醫院還是大不一樣，大象醫生是一位和藹的醫生，經過一系列的檢查與心理測試後，結果顯示河馬先生有焦慮症、恐慌症伴有抑鬱情緒，需要住院治療。

大象醫生給河馬先生開了藥，安排了物理治療，包括針灸，用電刺激腦部，用磁刺激腦部……還有腦反射治療。

既然來到了醫院，醫生也確診了，那就按照醫生的安排，接受治療。河馬先生希望這次真的能好轉。

雖說是住院，醫院裡也允許病人外出 6 個小時，如果時間到了病人還沒回來，醫院就會給家屬打電話。

醫院裡每天的治療都安排得挺滿的，河馬先生沒有空餘的時間去想那些糟糕的事情，基本上每天都有小組治療、團體治療，還有一週兩次的個人治療。在小組和團體治療中，河馬先生認識了很多與他一樣的病友，每個人的情況都不同，但都是各種各樣的心理疾病。那一刻，河馬先生感覺到自己不是一個人在戰鬥，他慶幸自己住院，並遇見了這些夥伴。

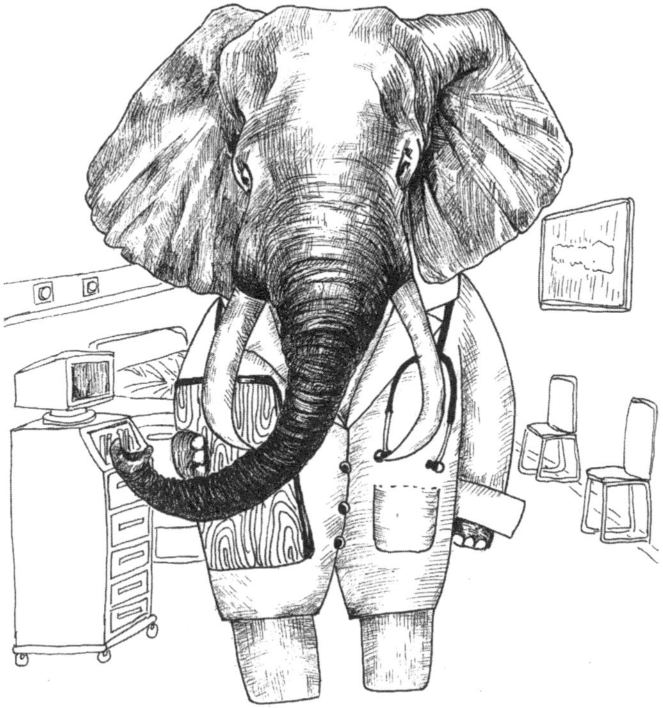

患失眠症的兔子太太

在病友中,有位兔子太太,會常常關心河馬先生,問他吃飯喝水是否需要幫助。在河馬先生看來,她就跟正常人一樣。他很好奇她也會住進醫院裡來,於是詢問了她的病情。

原來,兔子太太是因為失眠焦慮而住進來的。

自從有了兩個孩子後,她就沒有睡過一夜好覺。每隔兩小時就要餵奶,孩子們經常會在半夜醒來哭鬧,有時她還要起來看孩子們是否踢被

子。長期失眠，加上小孩的哭鬧，兔子太太根本無法得到很好的休息，以至於她常會猛的一下從睡眠中驚醒。

兔子太太每天圍著孩子們打轉，圍著丈夫打轉，圍著家務打轉，去得最多的地方是菜市場和周邊的超市。每天看著別人忙碌地上班工作，兔子太太感覺自己已經不是為自己而活，她感覺沒了自我，也不知道自己的人生是不是就這樣一眼望到頭了，應該怎樣活下去。

不知從什麼時候開始，兔子太太變得非常焦慮，無論是孩子的生活、學習，還是孩子的未來，同時她也很擔心丈夫在外面會幹出什麼對她不忠的事。每當看到丈夫很晚回家，或者回家後就鑽進書房，兔子太太就會想他是不是故意在疏遠自己。兔子太太的生日或是一些特別的紀念日，丈夫也常常忘記，更別說給兔子太太買禮物，這難免讓兔子太太對丈夫很失望。比這更可怕的是，她對生活失去了希望，整個人也越來越沮喪，深陷泥潭，想逃出來，卻毫無辦法。

慢慢地，兔子太太的脾氣越來越暴躁，容易

對小孩和老公發火，嚴重時還會產生憤怒的情緒。

有一次在輔導小兔子寫作業的時候，兔子太太崩潰了。

來這裡後，醫生告訴兔子太太，這是長期失眠導致的神經衰弱。身體長期得不到休息，導致神經系統疲勞，繼而內分泌紊亂，便有了情緒敏感、多疑甚至情緒失控的狀態。

踢貓效應

兔子太太說：「在丈夫看來，我不用上班，不用面對工作的壓力，只不過在家裡看個孩子，說我是沒事兒找事兒。畢竟我與常人並沒有什麼不同，只是脾氣有些暴躁而已。」

「那你在生病後有些什麼反應呢?」河馬先生問。「一開始只是失眠,後來就發展到毛髮脫落,月經紊亂、氣虛氣短,常常會用負面的想法去思考問題,抱怨這個那個,情緒低落,再然後就是脾氣暴躁,怒火一觸即發。控制不住的時候,我會砸家裡的東西,會打人,孩子也經常被我打。」兔子太太說:「有一次在輔導小兔子學習的時候,因為小兔子寫字寫不好,我讓他擦了重新寫。他在那裡磨磨蹭蹭的,我就爆發了。」

「醫生說，這叫『踢貓效應』」兔子太太接著說。「踢貓效應？什麼？還可以踢貓？」河馬先生一臉驚訝。

　　兔子太太接著解釋道：「這個是大象醫生跟我講的，這個說法起源於一個小故事。老闆罵了員工，員工很生氣。員工回家後就與妻子吵架，妻子憋著氣，剛好孩子回家晚了，妻子打了孩子。孩子很委屈，就踢了自家的貓。

貓憤怒地衝到街上，剛好過來一輛車。司機為了避開貓，卻把旁邊的小孩撞傷了。」

兔子太太能回家工作了

「這樣看來，你很容易受你家先生的影響啊，一旦他讓你感覺不好，你就會遷怒到孩子身上？」河馬先生疑惑地問道。

「我以前就是這樣想的，後來才發現，其實並不全是他的錯，醫生說這是『神經疲勞』引起的。身體上的疲勞很容易理解，神經性疲勞不太容易被察覺。一個人在神經疲勞時，情緒會被極度放大，並且會變得非常敏感，個人感受也十分敏銳和強烈。一般的喜悅之情他們會表現得歇斯底里，不愉快的事件他們會看成一個悲劇，很容易反應過度。」兔子太太說。

兔子太太喝了口水，繼續說道：「大象醫生跟我們說，神經衰弱是由於長期勞累以及焦慮，導致神經興奮度過高，從而引起精神或身體方面的某些症狀出現。神經衰弱其實很多人都有，只是程度不同。很多人儘管心裡沮喪，他們還是持續地工作，不影響正常的生活。但是長期處於焦

慮狀態,並且逐漸加劇的話,會導致神經衰弱症,我們常常會稱為『重度焦慮』。比如長期高強度地工作,或者在面臨考試的時候長期焦慮備考,都是比較危險的。」

「但是大象醫生還說過,**讓我們崩潰的,並非超負荷的工作量本身,而是由此產生的壓力。**如果對大量的工作沒有壓力,而是覺得很愉快,那麼就不會導致不好的結果。其實工作任務的多少,本身並不會直接導致焦慮。如果持續焦慮的心態,哪怕是一點點的任務,也會導致崩潰的。**所以需要調整的,是我們對待事物的看法和認**

知。這都是醫生常對我們說的，聽起來很容易，但是當真的遇到事情的時候，我們往往又容易陷入習慣性的思維模式中。」

河馬先生聽了兔子太太說的話，感覺她就是半個醫生，能夠自己把自己治好。但是他很好奇的是，兔子太太為什麼也會住進來呢？⋯⋯正想著，兔子太太似乎知道了他的心思，接著繼續說道：「其實，我的情況可以不用住院的。但是醫生說，像我這樣由於照顧孩子失眠，最好是換個

環境。治療神經衰弱最重要的是不受打擾的睡眠，他建議我離開家兩個月，調整休息。」

身為同是一家之主的河馬先生很驚訝，因為他知道，又要工作，又得照顧家裡幾個小孩有多忙碌，不由得為兔子先生擔心了：「那你的丈夫會同意嗎？孩子們怎麼辦？」河馬先生繼續問。

兔子太太說：「是的，一開始他很難接受。因為我走了，他需要工作，沒有辦法照看孩子。後來大象醫生找了他，並告訴他，如果持續下去，不但我得不到有效的治療，孩子們也照顧不好，還會使得家庭生活一團糟。他沒有辦法也就同意了。」

「那你現在恢復得怎麼樣？」河馬先生問。

「恢復得挺好的。有時候，白天我狀態好的時候，也會回去看看，幫忙做做家務。我現在可以每天回家打掃一下房間，並幫著做晚飯了。」兔子太太說。

「太棒啦，這樣你很快就可以回家了！」河馬先生高興地說。

原本以為值得高興的事情，可是兔子太太卻

垂頭喪氣，搖搖頭說：「別提回家的事了，先生也說了同樣的話，卻讓我感到非常恐慌……」

兔子太太頓了頓，似乎在平復自己的情緒，盡可能讓自己能夠情緒平穩地講述接下來的故事。她抬起頭，接著說：「先生覺得我每天可以回家做一些家務，就意味著已經恢復得差不多了。那天他對我說，希望我能夠每天早上 8 點鐘就回家去。畢竟孩子們清晨起來需要照顧的事情比較多，如果到了放假事情就更多了。他不理解為什麼我就不能早一點回去，而是非要慢吞吞地

拖到快中午的時間，這讓我非常崩潰！」

「他比較著急，讓你感到壓力啦！」河馬先生說。兔子太太擦了擦眼淚，說：「是的，如果我早上8點鐘要回到家，那我得6點鐘就起床，然後刷牙洗臉、吃早餐、趕車。我又擔心睡過頭，會調上鬧鐘，然而實際上我會一晚上都睡不著，總想著看鬧鐘，等著時間一分一秒地過去。」

「醫生說，我們這種神經衰弱的人，就是比較敏感，一點點的壓力就會覺得特別受不了。」兔子太太接著說。

「是的，咱們這種病在其他正常人看來，很難理解。尤其是家人，他們會覺得我們小題大作。」河馬先生也表示深有感觸。

「後來大象醫生的一番話又讓我感覺好多了。他說，如果是我自願做這些事情，我會感覺好些，但是如果是被迫的，我們就會覺得很難受。」兔子太太的眼睛慢慢地亮了起來。

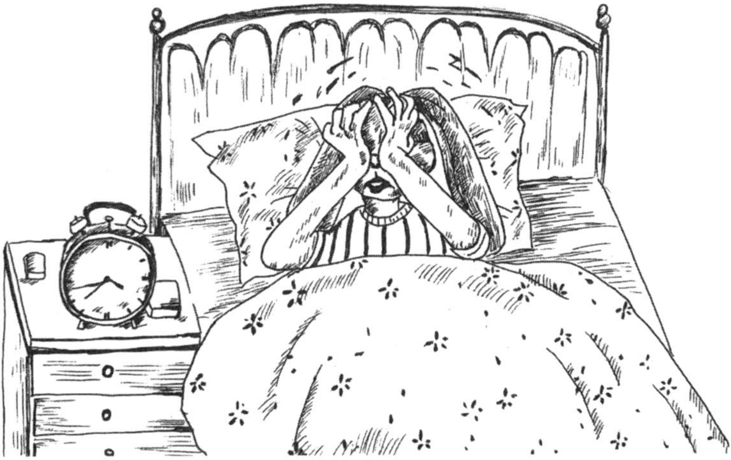

不停洗手的蜥蜴奶奶

旁邊還坐著一位蜥蜴奶奶,她說:「我都第二次住醫院了,因為強迫症。」

「強迫什麼呢?」大家好奇地問。

「我每天必須不停地洗手,即便是剛剛已經洗過了。」蜥蜴奶奶無奈地搖了搖頭。

「是怎麼回事呢?」河馬先生問道。蜥蜴奶奶回答說:「有一次我看新聞,超市裡的食物由於包裝的問題,產生了很多的細菌,對食物安全造成了影響。我就想到,超市裡的食物不乾淨,

必須要清洗乾淨，甚至摸過包裝袋的手也要多清洗。我很擔心，要是小孩吃到了這些細菌會生病的！每次我從外面回來，都要使勁洗手，總擔心手上會沾染到很多細菌，如果手沒有洗乾淨，弄出來的食物家人吃了會生病的！」

蜥蜴奶奶接著說：「從那以後，我每天必須反覆地打掃，反覆地洗手，而且我變得很容易受驚，特別是在關係到食物的時候。我覺得到處都是危險，細菌會隨時隨地生長，我必須不停地洗，不停地擦，做事也變得非常謹慎。」

「醫生是怎麼說的呢？」河馬先生繼續問道。

「醫生說，我這種強迫症也是屬於焦慮的表現之一，因為內心恐懼，只有透過完成某項特定的事情，才能緩解恐懼。有的人會不停地洗馬桶，有的人必須穿同一件衣服才敢出門，還有的人必須要透過購物才能緩解焦慮。其實恐懼本身不會帶給我們傷害，問題是我們現在不知道如何消除這種恐懼。」蜥蜴奶奶歎息道。

患懼曠症的刺蝟先生

這時候一直坐在旁邊沒有說話的刺蝟先生搭話了:「我也是恐懼,但我恐懼的和你不一樣,我害怕一個人外出。我不能一個人去買東西,不能一個人乘車,後來我參加了一個叫『暴露療法』的治療營,本來都治好了,可以一個人外出旅行了,誰知道回來又變回原樣了。」刺蝟先生講述著自己的經歷。

自從刺蝟先生不敢外出以後,家裡人都很擔心,一天刺蝟奶奶看到一個叫「金錢豹治療特訓營」的廣告。

金錢豹教練受過專業的心理學訓練,設計出一套針對恐懼症治療的特訓方案,不但可以治療焦慮症,還有專門針對外出恐懼的訓練,據說,接受康復訓練的病人,能夠在一週內獨自外出旅遊。

刺蝟奶奶像是抓到了救命稻草一樣,顧不上昂貴的訓練費,迅速地給刺蝟先生報了名。很快,刺蝟先生被通知前來參加康復訓練,訓練的

場地選擇在一個自然優美的海邊小漁村進行。

金錢豹教練在進行了幾天的講解後，開始帶他們進行外出訓練。金錢豹教練說，克服外出時的恐懼就必須要戰勝這種恐懼，越是害怕外出就越要外出。我們可以透過循序漸進的方式，在不驚慌的狀態下盡可能走遠一點，如果驚慌，就要返回原處，重新再來。

第一天，刺蝟先生在營地房門前轉了一圈。第二天，第三天，慢慢地，可以繞營地一圈了。第四天，第五天，刺蝟先生已經可以在小漁村裡自由行走了。

成果還是非常顯著的，眼看著刺蝟先生就可以獨自外出了。最後為了慶祝畢業，刺蝟先生安排了獨自前往動物王國遊樂園的度假，而且一點都沒有驚慌。刺蝟先生非常高興。

回到居住的城市裡第二天，刺蝟先生就準備回去公司上班。然而當他走在地鐵站的人群裡，站在以前經常發慌的地方，看著上班的人群往地鐵上擠的時候，他的老毛病又犯了，而且感覺比以前還要差。

「醫生怎麼說？」河馬先生又開始問。

「大象醫生說，暴露療法本來是一種非常好的治療方式，在臨床中也有很多被治好的案例。但是我看起來還在練習克服恐懼，實際上，卻從來都沒有學著去克服恐慌本身。我需要透過面對真實的恐懼症狀來消除恐懼，而不是學著去適應某個特定地方來消除恐懼。」

第三章

大象醫生的團體輔導

第一次團體輔導

在治療室裡,河馬先生第一次參加團體輔導課,大家圍著大象醫生坐成了一圈。大象醫生問:「大家都感覺到有些什麼樣的不適症狀呢?能說說嗎?」

「極度緊張、頭痛,有時還有心悸、害怕、心臟底部刺痛的感覺。」河馬先生說。

「還有,對什麼都不感興趣、煩躁不安。」

刺蝟先生補充道。

「我覺得心裡很沉重，胃部有墜脹感，心顫。」大熊先生也說。

大象醫生接著說：「你們剛剛說的這些症狀，我分為兩類，你們看對不對。一類是情緒方面的，比如會感覺到煩躁、不安，對什麼都不感興趣，大多數時候會緊張，害怕。第二類是身體方面的，比如心悸、心顫、胃部不適等。」

「對，我就是兩樣都有。」河馬先生說。

「情緒出現了問題往往不容易察覺，但身體出現病症卻很容易發現。我們一開始，很容易往器質性病變去考慮，但往往檢查下來又沒事，有時還容易被誤診。」大象醫生分析。

「對，我就是懷疑自己是心臟病。」「我也是，懷疑自己是呼吸道疾病，結果所有檢查做完了都沒有問題。」大家紛紛回應。

「器質性病變和神經性疾病導致的不適，最大的區別是，神經性疾病所引起的症狀，是由腎上腺激素分泌導致的，很快就會消失，一般持續時間在幾分鐘至十幾分鐘之間。神經性疾病經過

檢查會發現沒有器質性病變,但檢查是必要的,是排除身體機能受損的可能性。」大象醫生接著說:「你們知道為什麼會出現不能自主控制的心悸、心顫嗎?」

「為什麼?」河馬先生問。

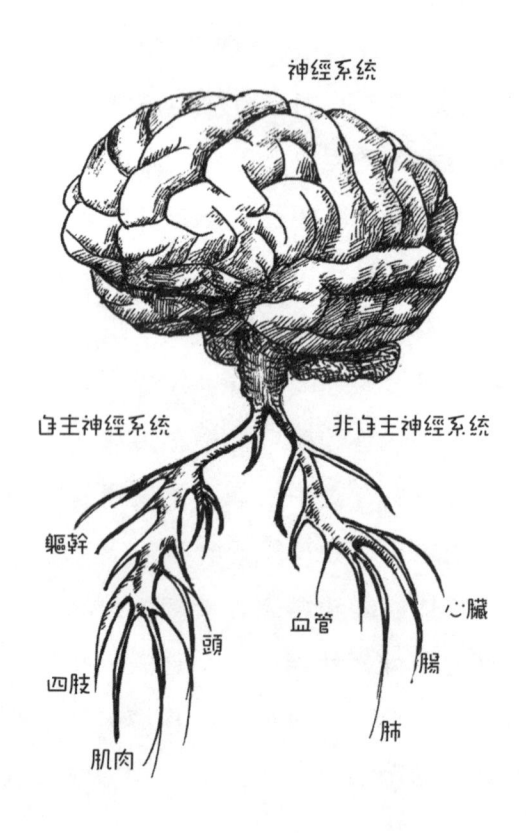

神經系統

自主神經系統　　　非自主神經系統

軀幹　　　　　　　心臟
　　　　　血管
　　　頭　　　　　腸
四肢
　　　　　　　　肺
肌肉

「這是由我們的非自主神經系統控制的。」大象醫生轉向河馬先生肯定地說道。

「非自主神經系統？」河馬先生張大了嘴巴，感到很好奇。

大象醫生進一步解釋：「是的，我們的神經系統由自主神經系統和非自主神經系統兩大部分組成。自主神經系統控制四肢、頭和軀幹的運動，我們或多或少可以根據自己的意願來控制它。比如跑、跳、提東西等等。

而非自主神經系統控制內臟的活動，包括心臟、血管、肺、腸等，甚至還控制唾液和汗的分泌。這部分神經系統不在我們的直接控制下，但它會對我們的情緒作出反應。比如感到害怕時，會面色發白、瞳孔放大、心跳加速、手心冒汗。這些都是無意識的反應，我們是無法阻止的。

即便是一顆健康的心臟，它在貧血、疲勞或壓力大的情況下也會產生心悸的症狀。」

大家相互看了一下，似乎對專業的名詞感到很不理解。大象醫生也覺察到了，便用更簡單的

方法來解釋。大象醫生說：「我們來做個實驗，蹺起二郎腿，然後敲擊膝蓋，腿就會不由自主地彈起來，這就是膝反射。這不是由我們大腦直接控制的。」

「剛才您提到一個詞『直接控制』，不知道是否能『間接控制』呢？」蜥蜴太太問。

「這個問題提得非常好，這裡要提到一個非常專業的名詞『腎上腺素』。」大象醫生扶了扶眼鏡，繼續說道：「腎上腺素的分泌會影響到非自主神經。當我們感覺到恐懼、緊張時，就分泌更多的腎上腺素，使得本來就激動的心臟受到進一步的刺激，而跳得更快，發作的時間更長。」

「我們若希望發作得到緩解，就得想辦法減少腎上腺素的分泌，是這樣嗎？」河馬先生問。「對的。」大象醫生回答道。

「那怎樣才能減少腎上腺素的分泌呢？」河馬先生接著問。

「降低對恐懼、緊張的擔心，自然就能減少腎上腺素的分泌了。」大象醫生說。

「那具體我們應該怎樣做呢？」兔子太太

問道。「在後面的輔導裡,我將會教大家怎麼做,今天,大家先想一想腎上腺素是怎樣影響我們的情緒和身體的。」大象醫生給大家留下思考的時間。

面對焦慮而不是對抗和逃避

第二天,動物們早早地在治療室裡等候大象醫生。

「大象醫生,經過昨天的討論,我想到我的心臟是健康的,只是腎上腺激素的分泌引起的不適,我感覺有些放下心來,沒有那麼害怕了。可是,我怎麼才能減少發作時間呢?」還沒有等大象醫生開口,大熊先生就先問起來了。

「這就是今天我要跟大家探討的,面對和對抗!」大象醫生說:「你們知道,面對和對抗的區別在哪裡嗎?」

「面對,就是像好朋友一樣,彼此看著對方。對抗就是像是敵人一樣,必須要爭個輸贏,隨時準備戰鬥!」刺蝟先生搶先回答說。

「對抗感覺很費力氣,需要努力去爭奪。面對感覺是放鬆的,可以什麼都不做。」蜥蜴奶奶接著說。

「你們說的都很對!面對是我看見你,承認你在我面前。對抗是我要消滅你,打倒你,有攻擊的意味。」大象醫生接著說:「我問問大家,當你們出現焦慮症狀的時候,你們是怎麼做的?

你們所做的所有事情，是不是都為了擺脫這種討厭的感覺呢？」

「是的，當我發病的時候，總想找到辦法把病治好。當我沒有發作的時候，就擔心什麼時候會發病，閒下來的時候，也想找點事情做，強迫自己將注意力轉移開。」河馬先生說出了大家的心聲。

大象醫生點點頭，說：「到處去尋求解決辦法，接受治療，就是一種對抗。要和自己的疾病作戰，努力地做些什麼事，好讓自己的情況能好起來，這種做法就是希望在抗爭中戰勝恐懼。

轉移注意力就是逃避，是戰爭的另一種方式。認為自己戰不過，就還是選擇逃吧。當然，逃避也是所有生物的本能反應。

然而不幸的是，當我們面對焦慮的時候，越逃避就越會感覺到恐懼。**焦慮有時候就像一個紙老虎一樣，雖然它也不能把你怎樣，但就是特別不舒服。**」大象醫生細心地給大家解釋。

「是啊，有一次家裡人看著我焦慮不安，讓我去打麻將。他們是希望打牌能轉移我的注意

力，可是回來以後我卻感覺到更加疲憊。」蜥蜴奶奶說。

大象醫生點點頭說：「很多人可能會想到轉移注意力，可是很不幸，你越是轉移注意力，焦慮會越像狗皮膏藥一樣黏住你不放。抗爭和逃避，不管是哪種態度，都對解決問題沒有任何幫助！」

「那我們應該怎麼辦呢？」河馬先生焦急地問道。大象醫生說：「只有面對，面對才是解決的開始。」「我們所做的不叫面對嗎？」河馬先生問。

「不是，**面對是看著它，什麼都不需要做。比如焦慮來了，你直面它，它就會在你不斷適應之下越來越淡，最後一點點消失**。相反地，如果當恐慌或症狀最嚴重時，我們開始退縮了，而這又會使我們更為緊張，進而分泌更多的腎上腺素和應激激素，從而產生更為強烈的症狀！」說著，大象醫生打開一張大海的圖片，指著海邊的巨石說：「當大浪打來時，這些巨石都無法與其抗爭，而是任憑海浪拍打在它們身上，海浪總會

退去，這就是接受和面對。

當恐慌來襲時，不妨放下沉重的身軀，做好準備讓恐慌一陣陣掠過你的身體。如果你把問題看清楚了，驚慌就不過是一陣電流，一陣微不足道的電流而已。

讓身體去做它想要做的事情，別攔著它，別拚命地不讓自己驚慌，也別試圖去想其他的事情以分散注意力。要心甘情願地向恐慌低頭。

去接受吧！讓它們都來吧，甚至主動去迎接將要到來的一切。當恐懼來的時候，就想像真好，又一次學習放鬆自己的機會來了。」

帶著「有毛病的心臟」去工作

「大象醫生,你說的面對我有點懂了,是不是只要我們面對症狀了,我們就好了呢?到底什麼時候我們不會再出現那些討厭的症狀呢?」兔子太太問道。

大象醫生微笑著對兔子太太點點頭,並環視大家一圈,發現似乎大家都有同樣的疑問。接著,大象醫生停下來,整了整領帶,不慌不忙地對大家說:「面對只是第一步,接受是第二步,當你面對了焦慮後,別指望這些煩人的感受會立

刻消失,它還是會在一段時間跟隨著你。不過不用擔心,這些都是暫時的,它不會永久跟隨你。」

大象醫生緩緩地說,似乎在等著動物朋友們慢慢地理解所說的內容。「你需要心平氣和地等待,這種感覺不會立即消失的。這個時候,你的神經系統仍然會很疲憊,需要一段時間恢復。在這一過程中,你不要試圖去控制它,而應該去接受它並與之共處。」

大家都低下了頭,想像疲憊的神經系統慢慢恢復的樣子,想像這種等待的過程會有多麼艱難。

河馬先生率先打破了平靜：「大象醫生，我心裡已經完全接受這些症狀了，可我的心臟還是時常跳動得很快，這種怦怦亂跳、重擊似的『震動』每天都會陪伴著我，揮之不去，這讓我很苦惱。」

大象醫生微笑著對河馬先生說：「你的這種情況大多數焦慮的動物朋友都會有，很感謝你分享你真實的感受。我要說的是，你所說的這種『接受』不是真正的『接受』，實際上你仍然對心臟的健康持有懷疑。你所說的持續性感覺到心臟快速跳動，這是過度緊張的表現，如果這時我們找一支有秒針的錶來測量脈搏，我懷疑每分鐘的心跳甚至還不到100下。事實上，你的心臟不見得比健康人的心臟辛苦多少。」

河馬先生張大嘴巴，說：「是啊！我在檢查的時候用二十四小時心臟測速儀，都顯示正常。但我就是覺得心臟跳動很快。我甚至還懷疑是不是測速儀壞了，可換了一個，還是這樣！」

大象醫生笑了笑，繼續解釋道：「你的心臟當然沒有問題，問題在於你對心跳太過敏感。如

果繼續這樣焦急地計算心跳的話，你會一直敏感下去的。實際上你這樣的心跳並不會對心臟造成絲毫傷害。如果願意的話，你還可以去打打球、游游泳。如果你有興趣和精力去參與這些活動，我敢說，你的心臟更有可能會平靜下來。」

河馬先生搖搖頭，疑惑地說：「你說我的心臟沒有問題，可是我有時還會感覺到心臟疼痛，連內科醫生也懷疑是心絞痛。」

大象醫生耐心地解釋道：「你感受到的疼痛只是由於胸壁肌肉過度緊張而產生的，心臟病並不會在上述地方引發疼痛，而真正的心臟疼痛也不會在心臟部位顯現出來。」

「有時候我會覺得我的心臟已經跳到要從喉嚨裡蹦出來了，並且隨時都會爆炸。」河馬先生說。

大象醫生進一步講解道：「你這種脹得快要爆炸似的感覺不過是頸部主動脈異乎尋常的有力搏動而已，我向你保證，這種事情是不會發生的。你的心臟根本就沒在咽喉附近。如果你能看到自己的心臟肌肉是多麼厚實，進而明白它多麼強有力的話，你就一點兒都不害怕它會因為心悸而爆炸或受到損害了。」

「過去你曾錯誤地認為，只要心臟仍在快速跳動，你的病肯定就還沒好。現在你要做好準備，在神經系統變得不那麼敏感之前，暫時忍受這種毫無規律的心跳。當你不再恐懼時，神經系統也在慢慢修復，如同皮膚表層的外傷傷口在慢慢癒合一樣。在這段恢復的過程中，這樣的心

跳會持續一段時間,但你要相信,在這樣的情況下,同樣可以運動、工作。」

聽了大象醫生這麼解釋,動物們都釋懷了,感覺輕鬆了許多。他們紛紛表示知道下一次在病症來時如何應對,再也不會像以前一樣,手足無措,感到恐慌。

癱瘓的狗爺爺竟然可以下床走路了

「狗爺爺由於一次摔倒變得不能走路了,持續的恐懼讓他變得非常緊張,以至於懷疑自己四肢退化,腿好了仍躺在床上,不能走路,也不能抬起胳膊吃飯。進行過很多治療,都沒有效果。」

大象醫生講起了他的案例。「經確診後,我認為癱瘓的癥結在於想法而不是肌肉,所以教了他一個神奇的『飄然』療法。」

「我問狗爺爺,你此時腦袋裡是不是有很多想法和擔心呀?」

「是呀!我擔心我的手和腿都沒有力氣,抬不起來。我也擔心我萬一站起來就摔倒了怎麼辦,我還擔心我的腿沒有力量支撐我的身體……」狗爺爺說。

「很好,現在我們就把這些想法一個個地想像成一朵朵雲,從我們的頭腦裡,慢慢地飄散出去,飄,讓它飄一會,慢慢地,慢慢地飄到腦外。」大象醫生輕緩地對狗爺爺說著,並引導狗

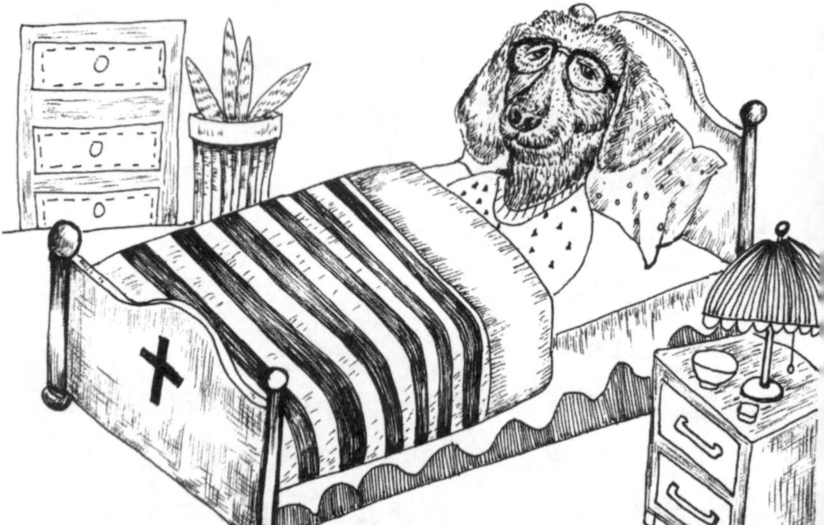

爺爺想像著那些妨礙他恢復的想法，一個個地從頭腦中飄散出去——它們僅僅是想法而已，沒必要大驚小怪。

「接下來，我們放鬆自己的身體，放下所有的力氣，身體變得越來越輕，越來越輕。我們站在一朵白雲上，隨著白雲身體飄了起來，我們乘著白雲飄到自己想去的地方……」大象醫生一步步帶領著狗爺爺做放鬆訓練，一步步地進入到更深的放鬆狀態，神奇的是，這個治療竟然喚醒了狗爺爺癱瘓的肌肉，沒過幾天，狗爺爺就可以把食物緩緩地送到嘴裡了，他甚至還準備下床走路了。

大象醫生對他說：「飄著走，你能做到的。要飄然地將恐懼置於身後。」於是，狗爺爺竟然「飄飄然地」在病房內走了一圈。

這很不可思議，是吧！一句簡單的「飄一會兒」就能使被禁錮了幾個月的身體得以釋放！其實原因很簡單：在狗爺爺抗爭的時候，就會變得緊張，而緊張會限制他的行動。但如果他想著自己在飄，就會放鬆下來，而這會有助於他的行

動。所以對於類似的情況，不要只是去抗爭。

大象醫生眉飛色舞地將這次治療的原理講解給大家聽。狗爺爺的奇蹟，讓大家找到了信心，**而信心對於治療起著關鍵性的作用。**

第四章

河馬先生出院後遇到的困惑

鎮靜藥物可以不吃嗎？

河馬先生在醫院待了一個星期後，病情得到控制，出院後回到家裡，面臨的第一個困惑就是藥到底還要不要吃。

家裡人善意地提醒他：「聽說，藥吃多了會產生依賴性，最後還得擺脫藥癮！」「這些藥吃多了會有副作用的，還是少吃點！」一方面擔心

家裡人說的情況會發生，另一方面又擔心不服藥會導致病情反覆，河馬先生打通了大象醫生的電話進行詢問。

電話那頭，大象醫生耐心地解釋道：「你可能會在網上看到有人說不用服藥，病也會好，那是因為他們自身有很強的力量去面對恐懼。但是大部分有神經性疲勞的朋友會非常敏感，他們幾乎無力去主動面對恐懼，我在不確定他們已學會應對恐懼的情況下，通常會開一點鎮定劑，保證他們適當地休息以保存體力。

我給他們服用足夠的鎮定劑，但並不過量。我仍然希望他們能夠感受到一定的恐慌以使他們明白他們必須練習去面對、去接受、去悠然地做事並耐心地等待。還有一種情況是在他們已經練習得精疲力盡，需要休息一會兒的時候給他們服用鎮定劑，鎮定劑只需要服用一天就足以提供他們想要的休息。」

「哦哦，原來鎮定劑是起到休息的作用啊！」河馬先生點點頭。

大象醫生繼續說：「要知道，服用過量的鎮

靜劑也會讓人感到抑鬱和瞌睡。如果醫生開出的劑量太大的話，你也沒有必要堅持按這一劑量服用，而是應該相信自己的判斷。因為，為某個特定的病人確定準確的劑量是一件非常困難的事情，這需要多次嘗試。所以，如果你希望減少劑量，那麼不要猶豫。」

河馬先生微笑著說：「好的，那我懂了。如果我覺得這會兒我有能力應對恐懼了，藥物可以自行減少。那如果我過段時間，覺得自己

的情況不好，是不是可以按照這個標準自己在藥店買呢？」

大象醫生連忙打斷道：「哦！不行！不行！如果你需要精神類藥物，哪怕是很小的劑量，你都必須找醫生，一定要由醫生來控制劑量。千萬不要在商店或藥房的櫃檯上買這些藥。因為有些藥品具有危險的副作用，而藥劑師可能並不知道。」

「另外，你也不必害怕在醫生的監督下服用鎮靜劑會染上藥癮，一旦情況好轉，你也就不再需要鎮靜劑了。」大象醫生又補充道。

什麼是真正的接受

　　過了一段時間，河馬先生還是坐不住了，向大象醫生抱怨道：「我已經接受了心跳快的感覺，可它還是不消失，現在我該怎麼辦？」大象醫生說：「你看你，現在既然仍在抱怨，那麼又怎麼能說是真正的接受呢？」河馬先生說：「我常感到心跳加快，所以我不得不躺下，你說我該怎麼辦？」

　　大象醫生搖了搖頭，說：「你這是還沒有真的接受！」

　　河馬先生承認自己害怕心跳加速的感覺，這種感覺如果持續一個小時，他就會擔心自己體力不支，所以在症狀沒有發作之前，他就已經開始緊張了。當症狀發作後，他既想逃避，同時還要為隨之而來的疲憊擔心不已。像這樣緊張地等待下去，本身就是緊張，因而心跳加速當然會發生了。

　　大象醫生說：「你必須準備好隨便心跳怎麼

加快，仍然可以繼續做自己的事情，而不必在這個問題上糾纏不清。只有這樣才算是真正接受。也只有這種方法，最終才能達到一種心跳是否加速已經無所謂的境界。」

「那也就是說，我在心跳加速時，不能停下來，還是做我該做的事情。」河馬先生說。

「是的，這正是我所期望的。」大象醫生點點頭。

真正的接受,還是想當然地認為自己接受了?這兩者是有很大不同的。如果有焦慮症的朋友對胃痙攣、手出汗、心跳快速沉重、頭疼等症狀並不十分在意,那就意味著他真正接受了。

就算一開始不能平靜地接受,那也沒有關係,因為在這個階段要平靜下來,幾乎是不可能的。所以,**繼續正常的工作和生活,而不把過多的注意力放在這些症狀上面,就是接受的開始。**

這病真的能痊癒嗎？

平靜了兩個星期，河馬先生覺得自己已經恢復了。

可是突然有一天，那種熟悉的可怕感覺又來了。河馬先生忍不住想，是不是我的病又復發啦？

大象醫生說：「儘管你在治療方面取得了一些進展，但你的症狀肯定還會在一段時間內持續存在。這一點並不難理解，因為儘管你現在能夠面對並接受症狀了，但分泌腎上腺素的神經仍很疲勞，也很敏感，它們還需要幾個星期甚至更長的時間來慢慢恢復。就像賽跑者一樣，即使已經到達終點，贏得了比賽，他也還要繼續跑上幾步才能停得下來。」

「那我需要等多久呢？」河馬先生問。

「等待大概是最痛苦的一件事了。說真的誰也不知道需要多久，這有點像因上努力，果上隨緣，你只管努力去做，剩下的交給老天就好了。」

大象醫生無奈地搖搖頭，繼續說：「沒有確定的時間，也許很快，也許很慢，所以等待就很重要。在這個過程中，唯一能做的就是平靜地接受，讓自己從惡性循環中解脫出來，再一步步讓自己康復起來。這個取決於你能否真正平靜地等待。」

　　河馬先生皺緊了眉頭，自言自語道：「等待，耐心地等待……我還能變回原來的我嗎？」好像自己付出了努力，卻不知道是否能夠見到預期的成果。何時是個頭，還得聽天由命。這病，真的能痊癒嗎？

大象醫生似乎看透了他的心思，說：「這個病，有的醫生說是不能完全治好的，而我認為是可以痊癒的。**對於痊癒的理解，我認為症狀的消失不叫治癒，症狀變得不再有影響力才叫治癒。**如果，你認為那些煩人的感覺不再出現才叫痊癒，那誰也不敢保證。**我們能夠練習的是，當這些症狀再出現時，讓它們變得無足輕重。**」

河馬先生點點頭，努力嘗試不把症狀當回事。在大象醫生看來，最好的狀況就是，當症狀來的時候在心裡對它說：「好樣兒的，又來了。然後該幹麻就幹麻，很快的過一會就忘記症狀了。」

第五章

河馬先生的
抗焦慮互助聯盟

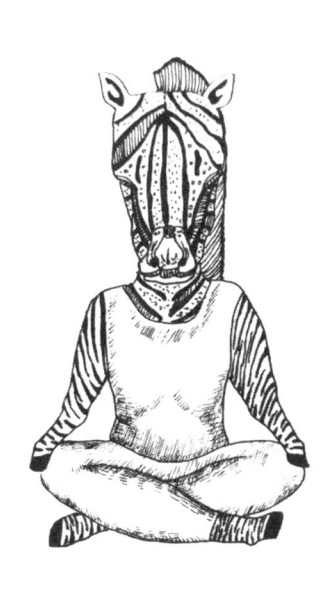

「好的。」斑馬小姐點點頭。

「肌肉放鬆很簡單,接下來我會放一段音樂,跟著音樂做就可以了。我們需要找一個安靜不受打擾的地方坐下,背打直。」河馬先生說完,就打開了錄音機,坐端正後,眼睛微閉。

「下面讓我們一起來做肌肉放鬆練習。首先,我們做三次腹式呼吸。」錄音機裡傳出磁性的聲音。

「接下來,我們需要讓全身放鬆,而放鬆最好先經歷全身的緊繃。現在請你雙手握拳,將雙

拳貼近你的胸口，低下你的頭，閉上你的眼睛，握緊拳頭，閉著氣，再用力，去覺察那種緊繃的感覺。保持 7～10 秒，好，放鬆。

把身上殘餘的力量都釋放掉。去享受那放鬆的美妙感覺，你感覺到非常平靜，非常舒服，你可以分辨緊張和放鬆的差異。

接下來，你要再一次重複剛才用力緊繃的動作。但這次把雙手前臂抬起，前臂與上臂儘量靠近，緊繃肱二頭肌。

現在低下你的頭，閉上眼睛，然後開始用力

地緊繃,閉著氣,儘量用力,在安全的範圍內,儘量用力,去感知肱二頭肌緊繃的感覺,再用力,去感知那種緊繃的感覺。保持7～10秒……好,放鬆,把身上殘餘的力量都釋放掉,去享受那放鬆的美妙感覺。你感覺到非常平靜,非常舒服,你可以分辨緊張和放鬆的差異。

雙手手臂向外伸展至水平位置,伸肘,拉緊肱三頭肌(上臂後側肌肉),保持……然後放鬆。

儘量抬高眉毛,收縮前額肌肉,保持……然後放鬆。放鬆時,想像前額肌肉慢慢舒展、鬆弛。

緊閉雙眼，緊繃眼周肌肉，保持……然後放鬆。想像深度放鬆的感覺在眼睛周圍蔓延。

張大嘴巴，拉伸下頜關節周圍的肌肉，繃緊下巴，保持……然後放鬆。張著嘴，讓下巴自然放鬆。

頭向後仰，儘量靠向後背，收緊脖子後面的肌肉，專注於收緊頸部肌肉的動作，保持……然後放鬆。脖子後面的肌肉常處於緊張狀態，所以最好做兩次這樣子的「收縮──放鬆」活動。

雙肩同時最大限度地向上聳起，繃緊肩部肌肉，保持……然後放鬆。

雙肩外展，儘量向後背中線靠近，繃緊肩胛骨周圍的肌肉。讓肩胛處的肌肉保持緊繃……然後放鬆。深吸一口氣，繃緊胸部肌肉，堅持 10 秒……然後慢慢呼氣。想像胸部的過度緊張感隨氣息的呼出而流走。

收腹，收緊腹部肌肉，保持……然後放鬆。想像一陣放鬆感遍及腹部。

背部弓起，拉緊下背部肌肉，保持……然後放鬆。如果下背疼痛，可以省略這部分練習。

收緊臀部，保持……然後放鬆。想像臀部肌肉慢慢放鬆，鬆弛。

收縮大腿肌肉，保持……然後放鬆。感覺大腿肌肉完全舒展，放鬆。大腿肌肉與骨盆相連，所以收縮大腿肌肉時必須同時繃緊臀部。

向自己的方向用力伸腳趾，繃緊小腿肌肉，保持……然後放鬆。做這個動作時要小心，以免抽筋。

蜷起腳趾，繃緊腳面，保持……然後放鬆。」

感覺一下自己的身體是否還緊張，仍感到緊張的部位，重複1～2次「收縮——放鬆」活動。現在，想像放鬆的感覺慢慢遍布你的全身，從頭到腳，逐漸滲透到每塊肌肉。

斑馬小姐慢慢地睜開眼睛，微笑著說：「感覺身體很輕鬆，心情也很輕鬆。」

河馬先生說：「很好，就這樣回去練習，每天至少兩次。這音樂是我自己錄下來的，網上也有很多這樣的音樂。當然，你也可以錄一個自己的聲音，找到舒緩的音樂，慢慢地讀下來，就可以了。」

對於失眠我們可以做些什麼

夜幕降臨時,河馬先生常常會害怕夜晚來臨。互助聯盟裡的其他很多動物也一樣,到了晚上,反而更有精神,惶恐地躺在床上,腦子裡飛快地閃過各種可怕的想法,揮之不去。

對互助聯盟裡的很多動物來說,一夜好眠幾乎可以說是難得的享受。有的動物,下班以後會與朋友們傳杯換盞,趁機消遣到深夜;有的媽媽只有等孩子們進入夢鄉了才能享受自己的自由時

光；更多的是沒什麼事情可做的朋友們半夜還在滑手機，到了淩晨才上床睡覺，卻翻來覆去怎麼也睡不著。伴隨著黑眼圈加深，毛髮也越來越稀疏。實際上，**充足的睡眠是身體健康所必需的，缺少睡眠，既可能是產生焦慮的原因，也可能是焦慮引起的後果。**

大象醫生提醒，遇到這樣的情況時，心裡要默念：「我的身體處於一種敏感狀態，是疲憊的神經系統產生的過度反應，而不是問題嚴重性的表現。」

放鬆，坦然地面對它們，不是逃避或試圖加以控制。讓它們飄走吧！放開它們，不要抓住不放。不要恐懼失眠。努力接受睡眠不好的夜晚，即使只睡幾個小時，第二天還是可以正常工作和生活，越是反抗、抗拒、恐懼失眠，越不容易擺脫失眠。

河馬先生召開了一次「睡眠探討會議」，讓大家一起腦力激盪：我們能夠做些什麼才能擁有更好的睡眠？

鼴鼠先生說：「我覺得晚上睡不著，是因為

體力消耗不夠。我曾經嘗試過，白天堅持運動，晚上睡覺前再慢走 20～30 分鐘，這樣晚上就能夠很好地入睡了。」

兔子太太補充道：「鼴鼠說的很對，還有一點要注意，就是午睡的時間。我曾經有段時間午睡很長，晚上就睡不著了。所以，如果午睡，最好不要超過一小時。」

河馬先生也發表了自己的意見：「我覺得固定時間入睡和起床，養成規律的生物時鐘很重要。有時候沒有睡好，即使早上感到很疲勞也要遵守計畫好的起床時間，這樣很快身體就能夠找到自己的節奏，調整過來了。」

馴鹿先生插話道：「還有還有，睡覺前不能吃太多的東西，也不能餓著肚子睡覺。我有好幾次就是才吃了一頓大餐就去睡覺，結果怎麼也睡不著。」

松鼠小弟問：「如果晚上確實睡不著覺，那我們應該做些什麼呢？」

河馬先生說：「大象醫生曾經說過，如果晚上睡不著，就不要強迫自己入睡。如果上床後

20～30分鐘仍不能入睡,可以下床做些事放鬆放鬆,比如看書,看電視,或者坐在椅子上聽舒緩的音樂、冥想,感到睏倦時再回到床上。」

松鼠小弟說:「可我常常是睡到半夜就醒了,然後翻來覆去地睡不著。」河馬先生點點頭:「是的,我也會這樣。可是大象醫生說,如果半夜醒來難以入眠時,也可以採用這樣的方法,起來做點什麼,放鬆放鬆。」

清晨起床的那一刻非常重要

有人說:「你怎麼過清晨,就怎麼過一生」,俗語也說:「一日之計在於晨」,清晨起床的那一刻的確非常重要。

河馬先生告訴互助聯盟的動物們,早上醒來後就趕緊起床,越是躺在床上不起,一天的情緒就會變得越低落。兔子太太卻說:「我身體的各項機能還沒開始運轉,怎麼能夠下床呢?為了讓它們運轉起來,有時我得花上幾個小時的時間!」

對於這個問題，河馬先生特別請教了大象醫生。事實上要想使「身體的機能」快速運轉起來，必須命令自己，而不是勸誘，特別是不能一味地躺在床上哄自己。不可否認的是，最初醒來的半個小時可能會造成致命的打擊，而大部分朋友也是在這段時間開始退縮的。

如果醒來後不起床，躺著的時間越長，就越難擺脫痛苦。如果能夠及早起床，那麼過一會情況就會有所好轉。

為了讓更多的朋友能夠早起，河馬先生在互助聯盟裡發起了打卡活動，讓大家一起行動起來。事實上對於神經疲勞的朋友們來說，早起是件非常困難的事情，如果互助聯盟裡的朋友們早上睜開眼後能夠慢慢地下床，洗漱完畢，到沙發上坐一坐，那就已經非常不錯了。此外，聽一聽輕快的音樂也有助於擺脫清晨的焦慮。

河馬先生在聽完音樂，吃過早餐之後，就安安靜靜地坐在沙發上等著家人醒來。有時候他會出去散散步，這樣比坐在家裡更好。河馬先生認為，最關鍵的是一醒來之後就要趕快起床找點兒

事做，這樣清晨的焦慮才不至於變得難以消除。

猩猩大哥常常在早上睜眼的第一件事情，就是滑手機。有時候看到網路新聞，會看到一些不好的評論，心情很容易受影響。在加入聯盟以後，河馬先生告訴他，手機裡要存放一些愉快的音樂、冥想或有聲書，早上睜開眼就播放，將自己調整到正向的情緒，而不要受到負面資訊的影響，從而陷入無邊的憂慮中。

猩猩大哥在河馬先生的帶領下，慢慢地不再過分關注手機上的負面資訊，也沒有以前那麼容易感到焦慮了。

焦慮鴨小弟讀高三最大的擔心

在互助聯盟裡面有一個學生叫鴨小弟,鴨小弟說他今年讀高三,當別的同學都在努力為大學入學考試做準備的時候,他卻要應付焦慮症。相比於時而發作的症狀,更讓他焦慮的是別人會怎麼看他。

鴨小弟說:「我害怕出門,擔心遇到鄰居。他們總是關心地問我怎麼沒上學呢?第一次我會說感冒了身體不舒服,但第二次第三次總不能老這麼說。於是,我想盡各種辦法躲著他們。每次出門前,像是做賊一樣,趴在門口聽,走廊上沒動靜了,我才一溜煙跑出去。有的時候在外邊碰到熟人,我會趕緊找個岔路鑽進去,有時也會蹲下來繫鞋帶或者裝作買東西什麼的,反正就是想盡一切辦法躲著他們。」

熊大哥摸了摸鴨小弟的頭,想想當年自己也經歷過同樣的情況。

鴨小弟一臉惆悵,接著說:「除了擔心鄰

居,我也擔心同學及老師對我的評價。他們肯定會想,本來好好的一個學生怎麼就不上學了呢?同學們一定是想我會不會有什麼問題,是不是哪兒不正常?我滿腦子都害怕別人認為我不正常,有著很強的羞恥感,況且我待在家裡跟個廢物一樣,什麼也幹不了,感覺是我拖累了整個家庭。」

鴨小弟長歎了一聲,無奈地搖了搖頭。這時,熊大哥站了出來,安慰他說:「鴨小弟,你說的這些,彷彿讓我回到了從前,我也經歷過和你一模一樣的情況,當時我從學校回到家裡休養

了半年的時間,整天都在預想,我該怎麼向同學編這個謊,或者怎樣面對同學對我的冷眼。也害怕朋友鄰居們到我家裡來。相信別的朋友也有類似的情況吧!」

河馬先生說:「是的,雖然我沒有上學,但是我很擔心同事們會怎麼看我,老是想他們一定會覺得我很不正常!」

熊大哥說:「後來發生了一件事情,讓我改變了看法。畢業很多年後,我們班同學聚會,十幾個同學在一起吃飯。喝了點小酒,感覺話匣子被打開了,我問他們知道我當年為什麼半年的時間都沒在學校嗎?他們的回答讓我非常驚喜。有一個女同學說:『我記得你好像一直都在班裡呀!』旁邊的好幾個同學也跟著說:『對!對!對!我就記得,你是一直在班裡!』旁邊有一個男同學搶話說:『我聽說,你爸你媽給你請了一位非常厲害的老師,單獨輔導去了!』當時我一聽就樂了,這可比我預想的理由要精彩多啦!還有一位坐我隔壁的同學,他應該是最清楚我沒有上學的事情,他說:『當時我曾問過老師,老師

說你轉學了,後來我也就沒再追問。』我大大方方跟他們說了我當時的情況,心理壓力很大,焦慮,以及當時的想法。沒想到他們都表示理解。」

熊大哥喝了口水,繼續說道:「現在我才知道,**你以為別人都看不起你,實際上大家都很忙,根本就沒時間想那麼多。**人家都在努力拚搏,每天從早到晚地忙碌,誰會關心少一個人多一個人。實際上每個人最關心的都是自己!」

大家垂下了頭,反思自己的擔心,可能都是多餘的。熊大哥繼續說道:「而且我發現跟他們聊著聊著,他們也開始說一些自己的不快樂,也開始吐槽他們遇到的一些問題。其實大家都有很多的煩惱,平時也不會說這些,我們看到的只是表面,看到人家在朋友圈發了一個『今天很開

心』,就以為他很開心,其實這只是他希望大家看到的,並不是他真實的生活狀態。」

我們有的時候很在意別人的評價,實際上是自己對自己的看法,或是自己對自己的否定。其實別人並沒有看不起我們,而是我們自己看不起自己。真正的現實是每一個人都有煩惱,可能我焦慮了、抑鬱了,但是別人可能也有別人的煩惱。

如果你還在擔心別人對你的評價,先不要管這個,我們首先要正確看待自己現在這個狀態,允許自己,有這麼一個階段,包容自己,理解自己,不要總是否定自己,先給自己放一段假,讓自己輕鬆輕鬆。而自己的生活一直在變化,自己的狀態也一直在變化,過一段時間就好了。我們不要因為現在這個狀態就給自己貼上不行的標籤,失敗的標籤。生活就是這樣,會遇到一個特殊的階段,會遇到一些不好的事情,會覺得有一些壓力承受不住,也沒關係。我們首先要做的就是要接受自己,接受自己現在的狀態。

讓自己有事可做又不太忙碌

自從患了焦慮症以後,面對白天漫長的焦慮等待,動物們各施其招。肥豬先生什麼事情都不想做,情緒很低落,最後乾脆整天待在家裡鬱鬱寡歡。犀牛大叔為了讓自己不這麼焦慮,轉移注意力,努力地讓自己忙碌起來。結果,情況反而變得更糟糕了。

河馬先生告訴互助聯盟裡的夥伴們,擺脫焦慮情緒的同時,應該讓自己保持有事可做,這一

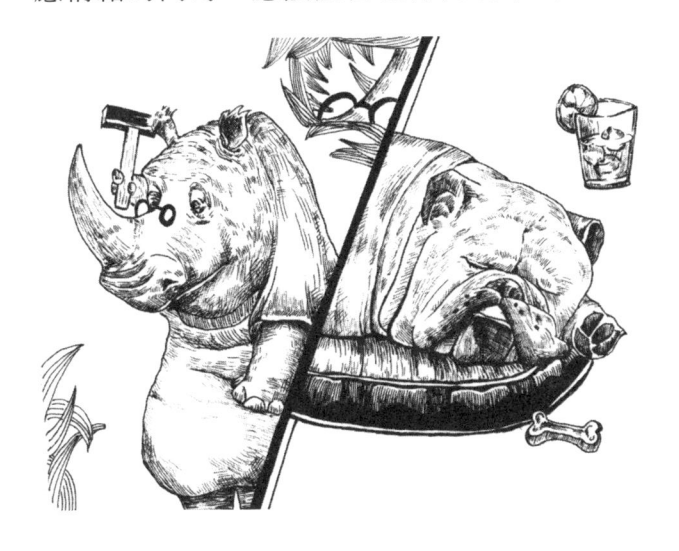

點非常重要，尤其是重度焦慮抑鬱的朋友們。同時，也不要為了追求忘我的狀態拚命地工作，這是在逃避，恐懼並不會被甩得很遠。最好的狀態是，**面對自己的症狀，接受它們不時復發的可能，在這樣的前提下適度保持有事可做。**

河馬先生曾經在病房中看到過好幾個朋友，他們本來就快要痊癒了，但是由於突然間變得無事可做，病情又急劇惡化。所以，他希望能夠透過焦慮者互助聯盟，幫助到情緒低落的朋友們，不要坐等身體康復，而是努力地充實自己每一天的生活。

保持有事可做是治療焦慮抑鬱的重要手段。如果想要康復，必須給自己找點事做，同時在白天離床遠點兒。對於情緒低落的人來說，和其他朋友一起做些事情非常重要。

所謂的有事可做，並不一定是高強度的工作，也可以是掃地、煮飯、運動等，或是參加一個感興趣的學習班，或者打牌、聊天等等。如果實在什麼事情都沒有，也可以在家裡或辦公室四處打量一番，看看有什麼事情需要完成，有沒有

哪件事情已經拖了一段時間還沒有做。列出自己的待辦事項，確定自己想先做哪一件事情。

河馬先生鼓勵大家說：「我們應該投身於一項工作或者參與一項活動，讓自己從對未來可能發生的危險擔憂中抽身而出，轉而思考使用什麼策略完成手頭上的任務。更為重要的是，如果想要自己快點康復，擺脫焦慮，最好的方法是，做些事情幫助別的朋友早日康復。」

狗先生率先站了起來，說：「我擅長跑步，我就帶著大家一起運動吧。每天早上我在公園等大家，願意來的朋友我們一起跑步，運動起來。」

鸚鵡小姐說：「我也可以教大家唱歌！我們組個合唱團吧！高聲唱歌有助於抒發情緒。」

蜥蜴奶奶也不示弱說：「我可以教大家插花，

插花可是有助於陶冶性情的哦!」

肥豬先生嘬了嘬嘴說:「我什麼都不會,我只會吃!要不,我們一起來研究美食,做好吃的,再吃好吃的,想想都挺美!呼嚕嚕!」

犀牛大叔不好意思地說:「我什麼都不會!我想只能陪大家聊聊天了!」河馬先生笑起來:「聊天可是個非常重要的工作哦!」

如果你有個人愛好,就請盡情享受吧!如果你有一直都很想嘗試而沒有去做的事情,行動的時候到了!是時候開始一些新的、有意義的活動了。

尋找有智慧的朋友幫助你思考

河馬先生在焦慮的時候,很容易陷入一種固定思維,覺得自己的生活處處充滿危機。那時候,他常常找大象醫生尋求意見,大象醫生告訴他,腿傷尚需要拐杖的幫扶,更何況受驚、疲憊的大腦,你需要借用別人的大腦,直到你的大腦從疲勞中恢復過來為止。

河馬先生仍然記得第一次進入心理諮詢室時,大象醫生就給了他一張紙讓他畫畫,畫出房子、樹、人,這是一個繪畫心理測驗。畫房子、樹還有自己。畫完以後大象醫生就開始解讀河馬先生的畫:「你看這個房子畫得很簡單,可能你在這個家庭當中缺乏歸屬感,只有一個門一扇窗戶,可能是你跟家人的溝通有點障礙。你畫的樹,樹枝很多,可能代表你的理想追求也很多。樹上像年輪一樣的東西,一般是代表一些創傷和挫折。」

河馬先生像被觸動了,打開了話匣子,開始

不停地述說自己的苦惱:「和我一起工作的朋友他們都買了房買了車,為什麼自己還是這麼失敗?我現在這樣,我的同事鄰居他們會怎麼談論我?他們會不會看不起我?我感覺我不應該走這麼多彎路,為啥去醫院那麼多回,怎麼就沒人告訴我問題在哪兒呢?全都是誤診,還白花那麼多錢?我的病會不會好不了?怎樣才能不難受呢?我為何總是心慌,胸悶難受呢?」河馬先生一股腦兒地把心裡堆積了很久的苦悶都倒了出來。在河馬先生看來,他一直悶著都

不願意跟別人說，覺得很丟人，他好強的個性，不允許自己這麼差勁。現在來看心理諮詢師，好歹是花了錢的，對面有人心甘情願地聽他說，當然得一股腦兒的拚命說。

諮詢的最後，大象醫生給了他三點建議：第一，先不要跟別人比，走自己的路。第二，別給自己太高的要求，把輕鬆快樂放在第一位，給自己減壓。第三，這些症狀，包括心慌、乏力、胸悶等，還有這些亂七八糟的想法，都是神經疲勞的結果，所以在家要好好調養，先吃好睡好再說。

大象醫生最後還給河馬先生安排了任務，下次諮詢的時候再探討。第一，想想從小到大影響自己最大的兩件事是什麼；第二，寫下自己的兩個夢想；第三，理想中的自己是什麼樣的。

馴鹿先生聽得聚精會神，問：「醫生建議我去做心理諮詢，可做心理諮詢不便宜，我到底有沒有必要去呢？」

河馬先生說：「對於心理諮詢，每個人的看法不一樣，從我自己的角度來看，還是很有作用的。我當時做心理諮詢，家人就不太認可，他們

感覺我還行，也沒缺胳膊少腿，就是想太多了。去心理諮詢還得花錢聊天，你有什麼事情可以跟我們說呀。但對於當時的我來說，我覺得是有必要的，我覺得我跟誰說好像都不對，感覺自己憋得慌，跟朋友說吧，他們都不懂，跟家人說吧，怕他們擔心。他們看著我整天沮喪的樣子，都已經天天唉聲歎氣了，我還對他們說這些事，他們會更加難受。更何況，我自己的很多負面情緒也都是來自父母和家庭，我如果跟他們說，說我對你們有什麼意見啊，如何如何啊，那肯定得吵起來。

之前早就吵過很多次，你這邊一說完，那邊就說，我也是為你好啊，你看我們也不容易，賺錢多難。尤其是當兩邊情緒都上來了，有的時候摔東西砸東西，聲嘶力竭的連哭帶喊。所以，與其說出來，還不如不說。我感到內疚、自責，長期的這種心理衝突，情緒壓抑積累出來，加上個性又是典型的完美主義，特別內向，很多心結打不開，確實需要一些情緒上的疏導。我當時經常以淚洗面，每天都偷偷摸摸地哭，但自己想肯定

想不通，所以，我覺得那個時候確實是需要心理諮詢師幫助的。」

「尋找心理諮詢師，在我看來有三個方面的好處。」河馬先生說：「第一，有一個傾聽者他能夠理解你，與你共情，這一點就很不容易。對於我們這個群體來說，自己常覺得很孤獨很無助，身邊的家人朋友沒人理解你，也沒有人願意傾聽你的苦惱，心理諮詢至少提供了這麼一個情緒的出口。一邊說，也是一邊在釋放自己積壓的情緒。每次去找大象醫生說完之後，我都感覺內心好像沒那麼亂了，情緒也會平穩。

第二，在表達的時候順便也會挖掘出一些自己平時根本意識不到的東西，比如我就是在諮詢中才發現，原來我壓抑了這麼多的情緒，原來自己沒有想像的那麼堅強，有的時候說著說著就開始痛哭流涕，那對面坐著一個人能夠傾聽你理解你，能夠給你遞個紙巾，安慰安慰你，確實這個感覺很好。

第三，在交流的過程中既是瞭解自己，也是在學習，在對方的引導之下，打開自己原本固有

的狹隘認知，接受一些新的觀念，這就是一種提升。我當時對很多事情的看法是很極端偏執的，尤其對自己的未來，就是必須怎麼樣，不這樣就不行，如果沒有別人引導，就看不明白想不清楚，一直在鑽牛角尖。」

在互助聯盟中，河馬先生也建議別的動物朋友借用朋友的大腦。如果不是心理諮詢師，也可以找一位聰明、可靠的朋友。因為神經疲勞的朋友們已經陷入了一種慣性思維的迴圈，每次思考都會得出同樣令人沮喪的結果，這使得他們根本無法思考自己的問題。

河馬先生說：「**我們需要尋求他人的幫助，與其他人一起討論自己的問題，並請他們幫助我們找到一種令人滿意且比較穩定看待問題的好方法。只有這樣，疲倦的大腦才能得到休息。**」

馴鹿先生說：「我可以把大家當成我的朋友嗎？我把我的煩惱說出來，就感覺好多了。」

河馬先生說：「你這只是傾訴。我們要注意不要和太多的人傾訴，以免頭腦被不同的觀念弄混亂了。我們應該謹慎地選擇一位明智的朋友，

並堅持由他來幫助自己,因為我們非常容易受到他人影響。」

「自我關照」是計畫裡的重要部分

兔子太太在康復的過程中也很有體會,她想把自己的經驗拿出來跟大家分享。「我們的生活變得很忙碌,忙著工作,忙著做家務,忙著照顧小孩。我們是否為自己留下屬於自己的時間?在生病期間,我最大的感觸就是,要學會自我關照。自我關照就是在日常生活中調整每天的生活節奏,讓自己擁有充足的睡眠、娛樂和空閒的時間,這是保持情緒活力和身體活力的前提。這不是選擇項目而是必須要做的。很多人連充足的睡眠都保證不了,又談何自我關照?做點什麼事情讓自己開心起來!」兔子太太說。

「是啊,我以前就是忙著工作,沒有自己的時間,即使在休息的時候,也是考慮工作,沒有開心過。」河馬先生表示贊同。

「您說的情況很普遍。因為現代生活節奏快、不停不休,我們無法輕易擁有輕鬆的慢生活。但是我們必須清楚地知道,自我關照並不是

可有可無的選擇，而是日常安排必要的一部分，所以我們必須重視才行。」兔子太太說。

「我們建議大家，空閒時間不做任何與工作相關的事，暫時放下所有職責，甚至不接聽電話。」

「大家知道嗎？怎麼為自己花時間，也是一件非常考驗自己的事情呢！」兔子太太神祕地笑

了笑,說:「不信大家可以一起來試試!」

兔子太太給大家發了一張紙,紙上有四個方格,請大家各自填寫下來。動物們開始絞盡腦汁地思考起來。

我做哪些事情能讓自己更開心呢?

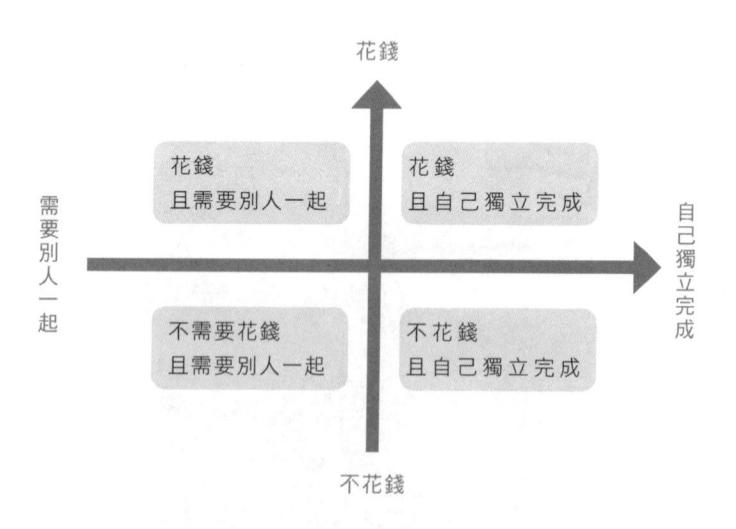

```
                          花錢
                           ↑
         ┌──────────────┬──────────────┐
         │  花錢        │  花錢        │
         │  且需要別人一起│  且自己獨立完成│
需要      │              │              │     自己
別人 ─────┼──────────────┼──────────────┼──── 獨立
一起      │              │              │     完成
         │  不需要花錢   │  不花錢      │
         │  且需要別人一起│  且自己獨立完成│
         └──────────────┴──────────────┘
                           ↓
                          不花錢
```

花時間思考做哪些事情會讓自己覺得很舒適。什麼樣的事情,是自己一直想做但卻沒有做的?哪些事情是需要花錢才能做的?哪些事情不

需要花錢？哪些事情是需要別人一起做的，哪些是自己一個人就可以做的？

看看大家列出來的清單，根據自己的情況，去選擇實施吧！也期待你增添更多的內容。

我做哪些事情能讓自己更開心呢？

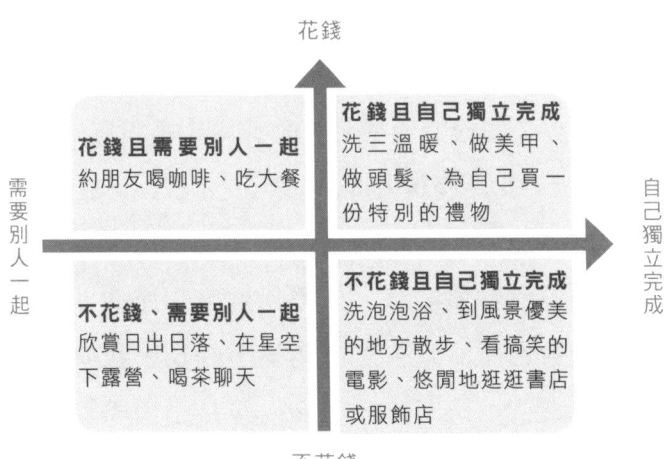

	花錢
花錢且需要別人一起 約朋友喝咖啡、吃大餐	**花錢且自己獨立完成** 洗三溫暖、做美甲、做頭髮、為自己買一份特別的禮物
不花錢、需要別人一起 欣賞日出日落、在星空下露營、喝茶聊天	**不花錢且自己獨立完成** 洗泡泡浴、到風景優美的地方散步、看搞笑的電影、悠閒地逛逛書店或服飾店

（縱軸：花錢／不花錢；橫軸：需要別人一起／自己獨立完成）

快樂和焦慮不能同時存在，上面的每一個方法都可以幫助我們抵抗焦慮、擔憂，甚至驚恐。

運動可以緩解焦慮，仍需注意這些

在抗焦慮互助聯盟裡有一位運動達人——猩猩大哥。在他的自我康復道路上，認為運動是緩解焦慮最有效的方法之一。

河馬先生請來猩猩大哥為大家分享經驗。猩猩大哥說：「當我們內心感到焦慮的時候，身體會自動出現『戰或逃』的反應加劇，腎上腺素激增。而當我們的身體處於『戰或逃』喚醒模式時，運動是自然宣洩情緒的有效途徑之一。在我看來，運動是對抗焦慮最好的方式之一，可以較快地釋放各種恐懼症狀。如果是輕度焦慮的朋友，經常運動也可以減少焦慮情緒。因為，我就是透過這種方法，長期持續運動，讓自己變成現在健康有活力的樣子。」

小動物們一陣歡呼，為猩猩大哥取得的成效喝采，同時也為自己看到希望感到開心。

「接下來，我就跟大家講一講，運動有哪些注意事項。」猩猩大哥繼續講述著。

「首先，我們如果想要達到一定的效果，千萬不能三天打魚兩天曬網，想起來就鍛鍊兩天，沒想起就不鍛鍊了，這樣是不可能有明顯效果的。我們必須要堅持，所謂的堅持是要有足夠的規律性和強度，我的建議是一週需要安排4～5次鍛鍊，每一次時間持續30分鐘左右，或者更

長。一開始的時候，我們可能會帶有康復的目的鍛鍊，但堅持足夠長的時間，慢慢就會變成習慣，成為一種享受了。」說到這裡，猩猩大哥嘴角微翹，帶著自信的笑容掃視了一圈。

「我也鍛鍊，可就是無法堅持！」小豬胖胖噘噘嘴說。「有規律的經常性運動是克服焦慮、擔憂、恐懼必不可少的一部分。如果把有規律的有氧運動和有規律的深度放鬆練習相結合，必定會大大降低焦慮症狀。當然，**一個人的堅持是不容易的。我們組成互助聯盟，就是大家可以結伴，互相督促，互相鼓勵。**有了相互支持的力量，相信我們更能將運動堅持下來，並養成習慣的。」猩猩大哥用鼓勵的眼神看著小豬胖胖，小豬胖胖似乎看到了希望，眼神變得堅定起來。

河馬先生問：「猩猩大哥，運動的方式有很多種，我們是不是可以選擇自己喜歡的呢？」

猩猩大哥說：「這個問題很好！選擇哪種運動方式取決於運動的目的。要達到緩解焦慮的目的，有氧運動通常是最有效的。有氧運動需要較大肌肉群的持續活動，可以緩解骨骼肌肉緊張，

提高心血管的健康，讓血液循環系統更高效地為肌體的細胞和組織輸送氧氣。經常做有氧運動，可以緩解精神壓力、增強身體耐力。常見的有氧運動包括跑步、慢跑、游泳、健身操、騎自行車和健走等。

　　有的朋友喜歡跳舞和瑜伽，這類運動是鍛鍊肌肉柔韌性的，也是對有氧運動的最佳補充。

　　如果你想減肥，慢跑或騎單車可能是最有效的鍛鍊方式。

　　如果你想排解沮喪情緒和攻擊性情緒，可以

嘗試競技性體育運動。

如果只是想親近大自然，遠足或種花養草則最合適。消耗大量體力的遠足活動，可以同時增強體力和耐力。」

河馬先生說：「沒想到運動的選擇這麼多、這麼講究啊！可是我們這互助聯盟裡面也沒有這麼多的專案啊！」

猩猩大哥說：「你們可以選擇自己喜歡的，參加一個專業性團隊，這樣在專業技能上以及持續性上就能得到更多的支持。」

兔子太太說：「太棒啦！我明天就去瑜伽會館學習瑜伽去！」

河馬先生說：「那我想去遠足，親近大自然！」

第六章

為家人求助的長頸鹿太太

被家人理解是最重要的能量

一天，河馬先生下班回家，發現長頸鹿太太在門口焦急地等他。長頸鹿太太一臉惆悵地說：「河馬先生，求求你幫幫我，我不知道該怎麼辦了。我先生最近因為工作不順利，他的壓力很大，一點點小事，就會大發雷霆。剛才，因為我一點事情沒有做好，他就爆發了。

他總是太過自我，沉浸在自己的悲傷裡面，每天都是抱怨、指責，充滿負能量，跟他在一起我哪怕半天的時間都待不下去。真不知道該怎麼做了！」

「長頸鹿先生睡眠情況怎麼樣？」河馬先生問。「他就是長期睡眠不太好。以前工作忙的時候，得經常加班。現在壓力很大，又焦慮得徹夜不眠！」長頸鹿太太說。

河馬先生點點頭：「這應該是神經性疲勞引起的，神經長期緊張，得不到很好的休息，就容易產生神經疲勞。睡眠是身心的晴雨錶，只有優

質的睡眠，才能保障健康的身心，你應該帶他去醫院看看睡眠專科。像他這樣的神經疲勞，是很容易暴怒的，並不是他的脾氣不好，而是他的神經過於敏感，對情緒的表現容易失控！」

「是啊，那天他突然說他『快要瘋了』，當時我也正被各種事情弄得焦頭爛額，沒好氣地回了他一句：『發瘋了就去瘋人院啊！』結果他一下子就爆發啦……」長頸鹿太太憂傷地說。

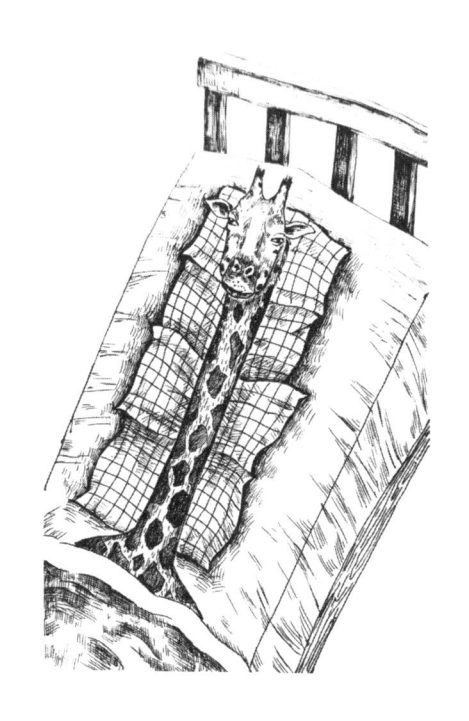

河馬先生遞給長頸鹿太太一杯水，安慰她說：「幫助和安撫長頸鹿先生的任務一直都落在你的身上，而你眼前也有許許多多的事情需要處理，與此同時還要注意不說錯話，你的壓力也非常大。正因為你是長頸鹿先生認為最不可能傷害自己的家人，才成了給他最致命一擊的人。」

如果你能夠把長頸鹿先生看作是一位病人，當他指責、抱怨的時候，就想著他生病了，這是病症的一種表現，在正常情況下他並不會是這樣自私的丈夫。如果你這麼想，忍受或幫助起他來可能會更容易些。注意不要讓自己陷入他的思維模式裡面去了。」河馬先生說道。

河馬先生繼續說：「從我自己的患病經歷來講，當時我只專注於自己而忽略周圍的事情。我把家人給予的舒適和安寧當作理所當然，但卻注意不到家人那種寂寞、被忽視，甚至有些厭煩的心情。家人們也在忍受著希望與失望交替出現的煎熬，他們也面臨著很大的困難，也有很大的壓力。在這種情況下，難免會有人說出一些氣話。長頸鹿小姐，作為焦慮朋友的家人，需要你給予

特別多的理解。」

當一個人處於焦慮中,最需要的是被理解,這是最重要的能量。

幫助家人制訂一個輕鬆的工作計畫

河馬先生問:「最近都是長頸鹿先生一個人在家嗎?」

長頸鹿太太說:「是的,他現在沒有上班,經常一個人待在家裡。」

河馬先生說:「哦,這樣可不太好,你應該讓長頸鹿先生有事可做!」

長頸鹿太太搖搖頭,說:「我也想他出去做點什麼事情,整天鬱鬱寡歡待在家裡,看著都難受!可他就像是沒有魂兒一樣,對什麼都提不起興趣。」

河馬先生表示認同,道:「這也是焦慮症的一種表現。他很難一下子就投入工作狀態,在此期間,你可以幫助他制訂一個輕鬆的工作計畫,以便他隨時知道自己該做什麼。因為對他來說,無所事事的一個小時可能會是一個世紀。在繁華的街道坐上一個小時,喝點兒飲料,看著人群來來往往,可能要比一個人在家裡更有助於身體的

恢復。**焦慮的朋友非常需要外界環境的幫助，因為他們沒有可以依賴的、內在的快樂之源。**」河馬先生繼續說道：「如果長頸鹿先生能夠和其他人一起從事某項他感興趣的活動，就最好啦！因為，他需要的是同伴和不斷的變化，而不是家裡的一片寂靜。如果有與他相同境遇的同伴，可能會幫助他很快走出來。」

「所以我才來找您，看河馬先生能不能有什麼辦法？」長頸鹿小姐哀求道。

河馬先生安慰她說：「您別著急，我們焦慮互助聯盟有很多社團，他可以選擇他喜歡的參與進來，我們都可以幫助他。與此同時，我還建議您帶他去看看醫生，如果嚴重的話，還得輔助藥物的治療。」

　　很多家庭都願意把金錢和精力花在給親人看病上，但是卻極少願意花心思幫助他找一份合適的工作和個人愛好。這一點非常重要，因為**醫生只能使病人恢復到一定的程度，之後的康復過程主要得靠他自己透過工作和個人愛好來完成。**

帶著關愛讓步，不要急於讓他振作起來

「我的好朋友兔子太太曾發生過這樣一件事情，」河馬先生對長頸鹿小姐說：「因為兔子太太需要去醫院接受治療，放心不下年幼的孩子們，跟先生商量後決定請保母代為照料。然而事到臨頭，她的丈夫卻又捨不得花這筆錢，於是改變了主意，並自以為這樣做很明智。你猜發生了什麼事情？」

長頸鹿太太搖搖頭：「不知道。」

河馬先生接著說：「兔子太太本來恢復得還不錯，可是一聽到保母並沒有到家裡時，她又開始擔心起來，差點兒讓三個星期的心理治療成果化為烏有。」

長頸鹿太太張大了嘴巴：「有這麼嚴重嗎？請保母還會與治療有關？」

河馬先生說：「我們可能難以想像，儘管把錢花在保母身上，在兔子先生看來有點浪費，但這可能是所有的用錢當中，最值得花的一筆。」

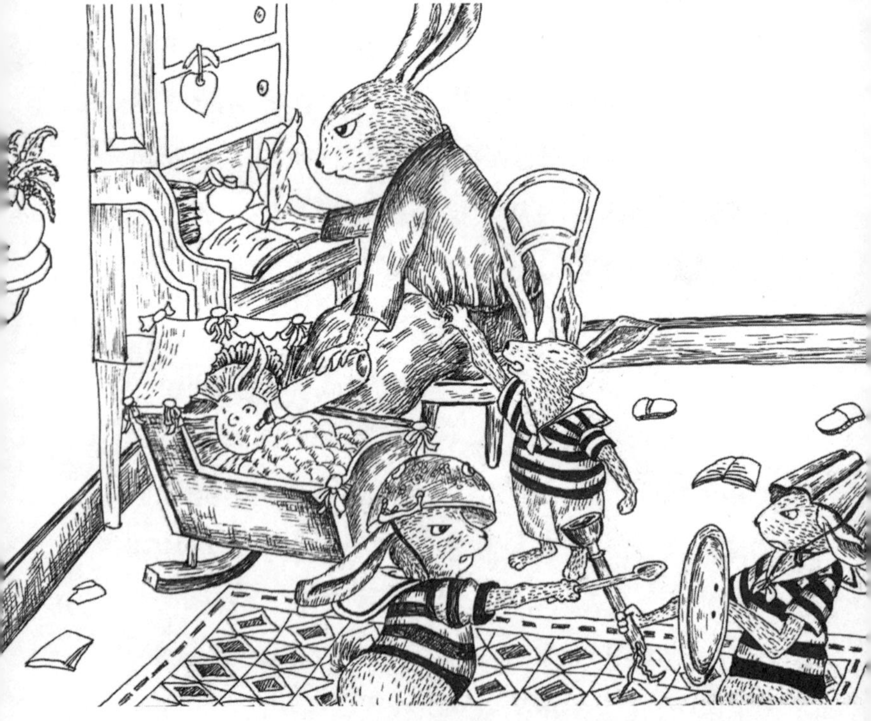

長頸鹿太太若有所思。

「你們可能會時不時地遇到類似的問題,並可能不明白自己為什麼要『讓步』。其實這不是讓步,而是為了在他情緒過於激動、脆弱的時候,避免他又遭受到精神和情感上的痛苦而做出的努力。一件在你看來微不足道的小事,到了他那裡也許就成了大事。」河馬先生喝了口茶繼續說道。

長頸鹿太太長歎了一口氣,說:「我知道了,經過您這麼一說,我現在更能夠容忍和包容他了。」

河馬先生接著說:「您是位很聰明的太太,您的付出,未來將會收到回報的。但是,還有一點非常重要,需要特別提醒你。」河馬先生繼續說:「千萬不要因為急於讓他好起來,就對先生說快振作起來,也不要讓先生與疾病努力抗爭,因為這樣只會給他帶來更多的緊張和壓力。」

長頸鹿太太驚訝地睜大眼睛,說:「我昨天就對他說過這樣的話──『快別講廢話了,去找工作!自己振作點!』」

河馬先生說：「**對於焦慮的朋友，你對他說『振作』一詞，在他聽來無異於就是要治好自己。**我知道你們都想要早點好起來，但是，**越是想要快點治好，就越難好。**你可以告訴他試著去接受一切，去練習有意識地無作為，並悠然地將那些無法解決的麻煩問題以及對身體不適感的恐懼拋諸腦後。**要去接受它，泰然處之，而不是去抗爭，這才是正確的方法。**」

第七章

走出焦慮的思維模式

「冥想」是讓思緒寧靜的法寶

如果把運動視為放鬆肌肉的運動,那麼冥想就是放鬆精神的運動。每天從醒來到入睡,大腦都在不停地忙著思考,腦海裡會飄過各種各樣的想法、念頭,而大多數的朋友是無法控制這些念頭的。伴有焦慮情緒的朋友更會加快大腦思考的速度,讓思緒飛轉,腦海中不停湧現各種可怕的想法。**練習冥想可以減少這些可怕的想法,舒緩焦慮的情緒,減輕壓力,改善睡眠。**

河馬先生說:「冥想就是一味藥,無論對焦慮症還是焦慮情緒來說都特別有效,而且還不用花錢,每個人每天都可以反覆做。」

聲音為藥,冥想為水,聆聽內在,自在身心。

說完,河馬先生又把他的錄音機打開,帶領著小動物們開始做冥想。

（冥想引導語）

　　盤腿坐起，微微閉上雙眼，吸氣，延伸我們的脊椎，頭正身直鬆靜自如。讓我們以腹式呼吸來調整自己的呼吸。吸氣，感覺清新的空氣經由我們的胸腔緩緩下流，撫慰我們的腑臟，最後浸潤於我們的心田。腹部微微向上隆起，呼氣，感覺我們體內的汙氣、濁氣緩緩溢出，內心感到無比的澄明與清澈。吸氣，感覺我們置身於一片無垠的草原之上，溪水潺潺，叮叮咚咚地奏著美妙的歌曲。

我們的左手為陽，右手為陰。太陽為陽，月亮為陰，想像著把太陽放在我們的左手上，感覺太陽發出的能量自左手掌心一點點進入我們的體內，滋養我們身體的每一個細胞，讓我們的氣血順暢。把月亮放在我們的右手上，感覺體內的病氣、毒氣、一切汙濁之氣，統統被月亮帶走。配合呼吸，在這緩緩的一呼一吸中，靜靜地感受身體的每一個聲音，在這陰陽平衡的調節中，讓我們感受一下我們的心靈是不是已經變得越來越平和，越來越沉靜，越來越善良，感受我們的身體和心靈已經達到了完整和完美的合一，感覺我們自身的磁場和地球這個強大的磁場達到完全的融合，我們已經變得越來越健康，越來越年輕和美麗。

　　感覺我們的身體變得很輕，很輕，輕盈的身體緩緩向上升起……升到藍天之上；一朵朵白雲在你的腳下飄動，在你的腰間纏繞，你整個人彷彿也化作了一朵白雲——一朵祥和純淨的白雲。隨著陣陣和諧的微風吹來，你的身體融合在這藍天白雲之中自由自在地飄動，陣陣微風為你傾情

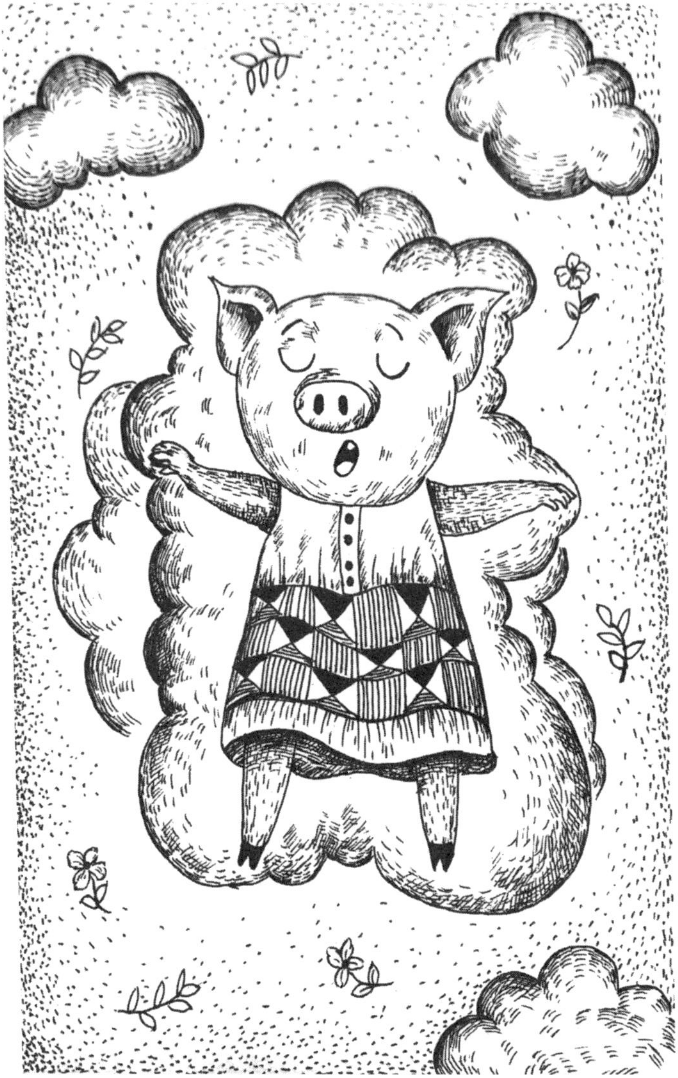

送來陣陣檀香味，撫摸著你的身體，它吹走了你全身的病氣、濁氣、疲勞之氣。隨著這陣陣微風，伴隨著檀香的吹拂，你感覺到身體的病氣、濁氣、疲勞之氣不停地向外飄走，飄向那遙遠的天邊直到消失。

感覺我們的身體越來越輕盈，彷彿置身於浩瀚的宇宙中，置身於地球這個強大的磁場中，讓我們自身這個小宇宙源源不斷地吸收宇宙賜予的能量。

我們聽到一個聲音從那遙遠的天際傳來，指引著我們走向生命回歸的方向，讓我們在無限喜悅中感悟，在永恆的光芒中，我們忘卻了一切，同時又擁有了一切，在這一切中我們忘卻了自我，只有喜悅與我們同在……

喜悅無處不在……

現在音樂已經停止了,請你帶著這種放鬆的感覺慢慢回到現實生活中去,你會聽到周圍的一些聲音,感受你身體坐的椅子,呼吸一下屋子裡的新鮮空氣,如果你願意的話,可以慢慢活動你的雙手,你的雙腳,不要著急,當你感到舒服的時候,可以慢慢睜開眼睛。

小動物們慢慢地睜開眼睛:「太棒啦!太舒服了!」「感覺很輕鬆,很開心!」大家紛紛發表自己的感受。

河馬先生說:「你們有這樣的感受非常好,記得回去後要堅持做。告訴你們一個小祕密,你們可以自己錄製一段這樣的放鬆音樂,語速慢一點,每天早晚都可以聽。」

小動物們紛紛點頭。

讓「焦慮的思緒」待一會兒

河馬先生說:「對於焦慮的朋友來說,最麻煩的就是揮之不去的焦慮想法不斷襲來。**當焦慮來臨的時候,我們應該有意識地無所作為,不試圖去抗爭什麼。**」

刺蝟先生問:「什麼叫有意識地無所作為呢?」河馬先生解釋道:「有意識的無所作為,就是順其自然,也可以稱之為『臣服』。我知道,這對於焦慮的朋友來說比較難,因為焦慮情緒本身就是控制欲過強,本能地會抗拒。我們也可以嘗試用冥想的方式,從第三者的角度去靜靜地觀察它。」

「我們也可以通過冥想讓自己靜下來!一起來試試吧!」河馬先生說。

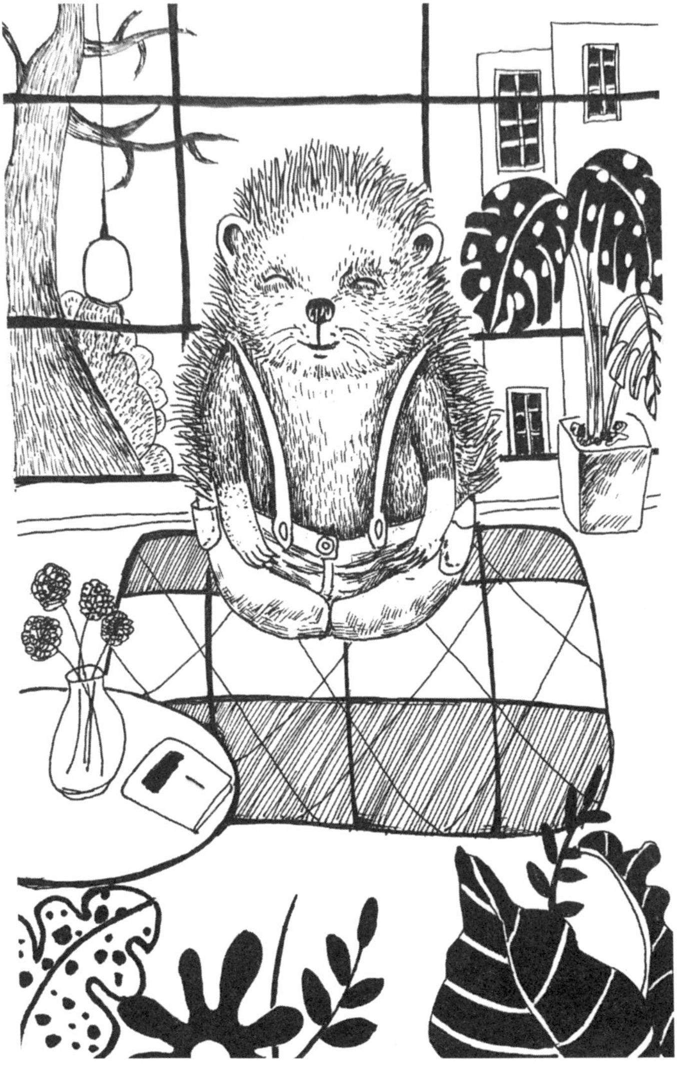

（冥想引導詞）

　　雙腿放鬆，下巴微收，閉上眼睛，讓心跟隨著呼吸，自然而然地安靜下來。在這裡，安靜地和自己的身體待一會，沒有任何目的，只是靜靜地在這裡。

　　去覺察和自己的身體待在一起的感受，是茫然失措的，還是安靜享受的；是思緒紛亂的，還是安靜穩定的。

　　不管此時，處於什麼樣的狀態，都不做反應，只是看到這個狀態。

　　關注自己的身體還有呼吸，關注自己的念頭，覺察呼吸和感受的變化。

　　是越來越坐不住了，還是越來越沉靜了；呼吸，是越來越穩定了，還是越來越急促了。

　　只是靜靜地觀察它的變化，不做評論，不參與其中。

「怎麼樣？是不是感覺靜下來許多？」河馬先生慢慢睜開眼睛，問大家。

　　「是的是的，這個方法還真不錯呢，不論怎麼胡思亂想，我都不動！」小刺蝟笑了笑說。

　　「還有一個樹葉漂流法，對焦慮思緒也很有幫助。把焦慮想像成溪水中漂浮的樹葉，隨著溪水一片一片漂走。」河馬先生說。

　　「具體怎麼做呢？」小刺蝟一邊問著，一邊端坐冥想準備。

河馬先生說:「想像自己坐在靜靜流淌的溪水邊,樹葉落在溪水裡從你身邊漂過。

接下來的幾分鐘,抓住腦海中冒出的每一個想法,把一個想法放在一片樹葉上,讓它隨著樹葉漂走。

不管是喜歡的想法還是不喜歡的想法,都放在樹葉上隨之漂流遠去。如果有一片樹葉卡住漂不動了,隨它去,不要強迫它漂走。

如果開始感到厭倦或不耐煩,承認這個感受,比如『這是厭倦的感覺』或『這是不耐煩的感覺』,然後把這個想法放在樹葉上,讓它隨著樹葉漂走。」

用「現實的陳述句」替換「恐懼的自我對話」

刺蝟先生說:「我常常陷於恐懼的自我對話,不假思索地反覆對自己說一些『如果……怎麼辦』這樣的話,總是擔心可怕的事情,變得更加焦慮。我總會想,如果我驚恐發作怎麼辦?如果我應付不了怎麼辦?如果別人看到我焦慮不安,他們會怎麼想?這些想法讓我感覺到很困擾。」

河馬先生對刺蝟先生說:「要知道,我們對自己說的話,很大程度上會決定我們的情緒和感受,這個過程會非常快速甚至自己都沒察覺。」河馬先生停了一下,接著說:「首先,我要祝賀你意識到了這個問題,**當我們能夠察覺自己陷入消極思維模式,並想去阻止它,就成功了一大半了**。接下來,我們就可以運用一些方法,透過刻意的練習,學習如何控制這種消極的思想。」

刺蝟先生高興地說:「是嗎?我這就成功一半了?」河馬先生點點頭,說:「是的,**你可以**

試一下,在手上綁根橡皮筋,當覺察到自己正處於這樣的消極思想時,就彈一下,提醒自己暫停這樣的想法。」

刺蝟先生說:「好的,這個可以!」

河馬先生接著說:「大象醫生還告訴我一個方法,用積極的、自我鼓勵的表達方式取代消極的想法。用自我對話的方式,打破思維迴圈。這個需要用到紙和筆。」刺蝟先生立刻找來了紙和筆,請河馬先生教教他。「首先問問自己,我對自己說的哪些話感到焦慮了?想出常對自己說

『如果……怎麼辦』之類的話，把這些話寫在紙上。」河馬先生說。

刺蝟先生在紙上寫道「我害怕坐飛機，如果飛機墜毀了怎麼辦？」

「好，第二步，把這句疑問句，改成陳述句。比如把『如果飛機墜毀了怎麼辦？』換成『這架飛機要墜毀了』這樣陳述的表達方式。」河馬先生說。刺蝟先生在紙上的第二排，寫了下來。

河馬先生說：「這樣很容易就看清楚了想法的不合理之處，對不對？接下來我們做第三步：問問自己，這件事情發生的實際機率有多大？這個情況是絕對無法處理或必死無疑的嗎？

第四步：借助這些問題，得出更符合實際的想法。把這些符合實際的想法寫下來。

第五步：想一想如果最害怕的情況發生了，你有什麼解決辦法。問問自己：『如果最糟糕的情況發生，我能做些什麼？』多數情況下，這種做法可以讓你認識到你低估了自己應對困難的能力。把你的解決辦法寫下來。」

刺蝟先生一邊聽，一邊用筆記錄下來。

「最後,反覆不斷的閱讀這些列出來、符合現實的想法和解決辦法,這樣做可以讓你加深這些看法。可以把這些內容重新寫在一張卡片上,方便隨身攜帶,隨時拿出來看!」河馬先生說。

用「疑問句」轉換思維模式

河馬先生問:「你們是否遇到過類似的情況:同樣的情景,但感受卻截然不同。比如在交通高峰期,有兩隻熊坐在走走停停的汽車裡。一隻熊覺得自己陷入困境,於是對自己說:『我受不了了!』『我得離開這兒!』『我為什麼要走這麼遠的路上下班呢?』此時,這隻熊感受到的就是焦慮、憤怒和沮喪。」

小動物們說:「是的,我們經常都是這樣的。」「嗯,其實還有另外一種可能。另一隻熊的想法不一樣,他想這正是一個機會,可以舒舒服服地坐一會兒,看看風景,放鬆一下,聽聽音樂。這隻熊感受到的,就是平靜和接納。」河馬先生說。

「為什麼同樣的情景,感受會不同呢?究其原因,**決定我們感受的並不是我們經歷了什麼,而是我們對所經歷之事的理解和看法。**」河馬先生清了清喉嚨,接著說:「最典型的例子,就是

即將面臨考試的學生。許多孩子因為不堪學習的壓力覺得非常痛苦，你們覺得最終導致孩子崩潰的是學習壓力大嗎？其實不是的。導致學生崩潰的真正原因，其實並不是學習任務本身的多寡，而是他如何看待這個事情。」

美國心理學家艾利斯（Albert Ellis）所提倡的「情緒 ABC 理論」認為，人類的情緒不是由某一誘發性事件本身所引起的，而是由經歷了這一事件的人對該事件的解釋和評價引起的。

刺蝟先生問：「我們怎樣才能從負面的想法轉念成正面的想法呢？」

河馬先生說：「有一個很簡單的公式，就是將負面的詞語換成正面的詞語，將陳述句換成疑問句。我們的大腦具有神奇的功能，只要提出問題，大腦總會想到答案。所以，儘管提出問題！要不我們來試試，你們說一句負面的話，我轉換成疑問句。」

「好，我先來。」斑馬小姐說：「為什麼倒楣的總是我！」河馬先生笑了笑回答：「我要怎樣做才能變得幸運呢？」

「我的孩子總是讓我很揪心！」兔子太太說。河馬先生補充道：「我要怎樣做才能讓孩子變得積極自律呢？」

刺蝟先生說：「我也會了，我總覺得別人不理解我，應該換成『應該怎麼做，才能得到別人的理解呢？』」

河馬先生笑了笑說：「很棒！這麼快就學會了！你們可以將自己的負面想法寫下來，並轉換成疑問句，將這些疑問句抄到一個小本子上，睡前讀一讀，多練習，就可以減少以往負面的念頭。」

幫助你走出焦慮的筆記本

刺蝟先生說：「當我出現焦慮時，總會有很多的擔心：『如果……怎麼辦』，這也是我常用的對話模式。有什麼辦法可以不去想那些焦慮的問題，而是把注意力轉向更自信、更輕鬆的想法嗎？」

河馬先生說：「最好的方法就是給自己一些更具鼓勵性和現實性、讓人更加平靜的話語暗示，每天多讀幾遍，多看幾遍，經過長期反覆的練習，大腦就會開始接受這些想法，並內化為思維體系的一部分，面對焦慮或擔憂時，這些陳述就會自動出現在腦海中。」

河馬先生從書櫃裡抽出一個筆記本，遞給刺蝟先生，說：「這就是我寫下來的陳述語句，希望能提供給你參考。」

刺蝟先生翻開筆記本，只見裡面寫道：

5月6日

今天我願意稍稍離開我的安全區，這是我學習適應這個情景的好機會。

面對恐懼是克服我對此事焦慮的最好方法。每次我選擇面對，我就向克服恐懼又前進了一步。

我要表揚自己，願意勇敢面對恐懼。

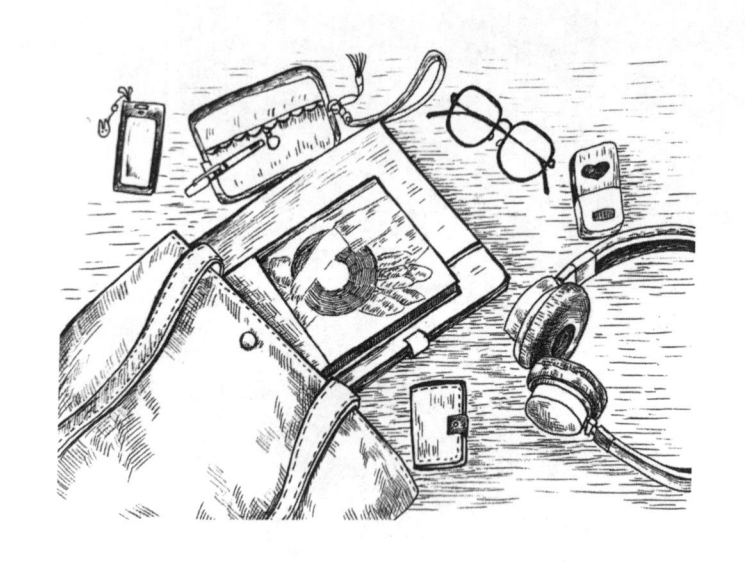

5月7日

放輕鬆,慢慢來,不會有什麼嚴重的事情發生的。

我不用做到盡善盡美,人非聖賢。

5月11日

我只是目前無法離開,這不等於我被困住無法脫身。

我現在放鬆一下,一會兒就會好起來。我可以應付這些症狀和感覺。

這只是腎上腺素的作用，幾分鐘就會消失。很快就會過去。

5月30日
這些只是焦慮而已，我不會讓它牽著走。雖然感覺不好受，但焦慮不會傷害我。

我不會讓這些感覺和感受阻止我，我還能堅持下去。

這些只是焦慮的想法，僅此而已，沒什麼大不了。

刺蝟先生也學習河馬先生的方法，把喜歡的句子寫在本子上，放在手提包裡。每次感覺焦慮症狀出現時，他就拿出卡片讀一讀。他相信只要經過無數次的練習，應對陳述最終能完全內化成為個人認知的一部分，代替不斷感到焦慮的、恐懼的、災難化的自我對話。努力練習應對陳述，是非常值得做的事。

潛意識悄悄指引著你的人生

你的潛意識指引著你的人生,而你稱其為命運。
——榮格

河馬先生說:「在心理學中,潛意識對命運起著決定性的作用。一個人潛意識裡是怎樣自我認知的,也在極大程度上影響了自己的行為和對待事情的判斷。比如:我是幸運的,還是可憐倒楣的?我是積極努力的,還是不思進取的?我是容易衝動的,還是冷靜沉著的?潛意識創造了內心的世界,同時也創造了外在的世界。」

河馬先生給大家畫了一個圖,接著說:「大家知道冰山嗎?冰山有一部分是藏在水面下,不容易被人看到的。這一部分,我們就把它想像成『潛意識』。水面之下的冰山,在生活中往往被人們忽略和遺忘,但事實上,卻影響著一個人的性格、行為,甚至一生的命運。」

河馬先生今天給大家分享了一個新的名詞:

潛意識。期望大家都能夠理解潛意識對每一位朋友的重要性。

「潛意識從童年時代，就形成自我的思維模式。比如我，小時候家境不好，父母給不了我優越的物質條件，所以我努力學習，知道唯有努力才能過上自己想要的生活。」河馬先生說：「結果，在潛意識裡，種下了逼迫自己的模式，遇到問題，首先想到的就是自己再努力一下，最後努力地把自己給逼成焦慮症了。」我們對自己的認知，或者給自己設定的人格，會讓我們在面對問題時，按照固有的思維模式思考。

兔子太太問:「那麼怎樣才能擺脫這樣的思維模式呢?」

河馬先生說:「我們可以嘗試修改我們的潛意識。

將我們希望自己擁有的品質或思維方式,採用正面肯定的語言寫下來,並反覆誦讀。」

河馬先生拿出自己的筆記本給大家看:

我已經越來越能放下焦慮了。

我不是完美的,世界上也沒有誰是完美的,我喜歡自己的優點和缺點。

我越來越會控制自己的思想,選擇自己的想法,我會選擇平靜,而不是恐懼和憂慮。

我對自己更有信心了,我感到平靜、自信、安心。

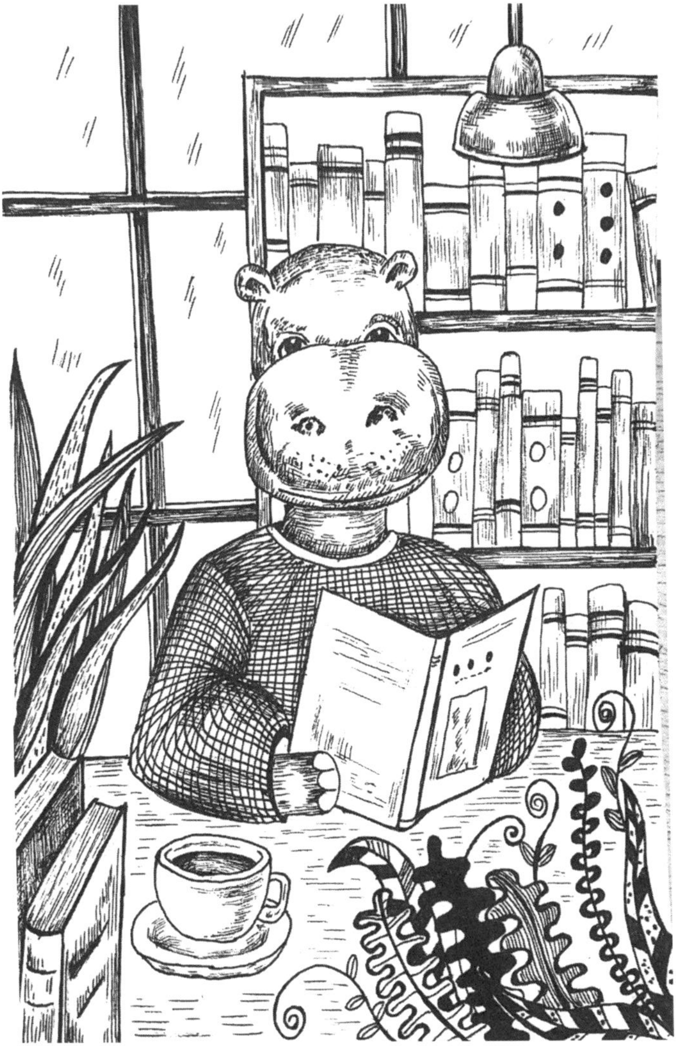

河馬先生說:「像這樣不斷重複肯定的話語，可以幫助我們改變那些引起焦慮情緒的基本態度和觀念，漸漸地，我們面對焦慮症狀就不是恐懼，而是泰然處之。當然，只讀一兩遍不會有什麼效果，需要每天練習，堅持幾週或幾個月後，就可以改變你對恐懼的基本看法，讓你用積極有益的態度看待恐懼。」

第八章

感謝焦慮讓我完美蛻變

更容易患「精神官能症」的疑病素質

經過醫學家的研究發現，患「精神官能症」的朋友們有一些共同的特質，醫學家把這稱為「疑病素質」。擁有「疑病素質」的朋友患「精神官能症」的機率，會比其他類型性格的朋友要高出許多。

小動物們問：「疑病素質？究竟是什麼樣的特質呢？」

河馬先生說：「疑病素質的第一個特點就是『精神活動偏內向』，也可以說『**內向型人格**』。偏內向的朋友更習慣反省自己，把自己當成關注的焦點，對自己身體和內心的不舒服更加在意。他們會比較關注自己的表現和在別人心中的印象，他們給人的感覺是比較內斂和保守，更喜歡獨處，不太合群，做事瞻前顧後，很謹慎，容易被自我內心所束縛，自卑壓抑。而偏外向型的朋友，注意力更多放在外界和外界的變化上，所以有時候容易衝動，忘乎所以，迷失自己，沒有分

寸,做一些比較輕率的決定。內向的人習慣先思考後行動,外向的人先行動後思考。內向的人更注重細節,外向的人不拘小節。」

小松鼠說:「為什麼我兩種特質都有呢?」

河馬先生點點頭,說:「這兩種性格只是一種傾向,我們的性格劃分也沒有那麼簡單,不能一分為二地看。實際上我們每一個人都是內外互相協調的,所以它只是一種傾向或是一種氣質。」

河馬先生接著說:「接下來,我們再說第二個特點——**高敏感和過分擔心**。這類的朋友就是把一些正常的反應當成不正常來看。他們擔心自己得病,害怕疾病。其實這是人的本性,每個人都會有的,也是生存欲望的體現,但是當它表現得太過強烈的時候,就會出現一些精神官能症的症狀。」

小刺蝟說:「是啊,我看到新聞說某某某癌症去世,然後我就會很擔心,擔心自己會不會也得病!」

河馬先生說:「其實這種擔心是很普遍的,

一般人聽到了也會胡思亂想，但只要幹點兒別的事，一下就會忘記了，這樣的想法也就慢慢淡化了。但是如果自己比一般人更敏感，再加上剛才說的內向，也更愛擔心，注意力也總是集中在自己身體的不舒服上，那這個擔心可能就會一直延續下去，心裡始終掛念著這件事情。尤其是在長期的焦慮恐懼之後，或是再加上身心疲勞，身體也會有一些不舒服，這個時候假如再把注意力持續集中在關注這些不舒服的地方，就會越關注越敏感，越敏感，生病的感覺就越強烈，越強烈就越害怕。」

馴鹿先生說：「難怪，我們總覺得自己生活在恐懼之中。」

河馬先生說：「是的，這是我們說的『高敏感和過分擔心』的特質。接下來我們再說第三個特點——『**完美主義**』的特質。完美主義的朋友對自己、對別人和對生活的要求都比較高，期望值也比普通人要高。因為這個期望值比較高，所以，當達不到自己預想的那個目標，就會很失望或者很自責。比如對自己要求高，覺得自己應該是個優秀的人，是個上進的人，那就不能允許自己偷懶，也接受不了犯錯。」

馴鹿先生說:「我就是對自己要求很高,生病前就從來沒有想過要給自己放假,除了工作還是工作。後來生病在家,心裡充滿了內疚,感覺自己成為家人的拖累,常常自責。」

河馬先生說:「是的,我們對自己的過高要求,肯定是不切實際的,因為人都會犯錯,都會失敗,偶爾懶惰也很正常。對別人也一樣,希望別人按照自己的期望去做,但是改變別人真的很難,再加上比較執著,就容易不斷地陷在煩惱之中。我們也不能說完美主義不好,完美主義的確是有好

處的，對自己要求高、更執著，事情才會做得更好，讓自己更勤奮更上進。但是完美主義者，還有另一個特點就是過分在意自己與他人的缺陷或錯誤，老是盯著這些負面的缺陷或是不夠好的地方。正因為總是盯著這些問題，就容易忽略很多好的地方，所以也就容易看不到整體的情況，把這些小問題放大成了大災難，所以完美主義者實際上是很自卑的，沒什麼幸福感。

理想和現實總是有矛盾和衝突的，而面對矛盾和衝突，完美主義者會很自責地批判自己，給自己很大壓力，提更高的要求，甚至是逼著自己拚命把每件事情都做好，就是要努力，就是要拚搏，努力讓現實的自己成為理想的自己。這種苦幹蠻幹很容易透支身體，最後承受了過大的壓力和過高的要求，搞得自己很累，甚至把自己給榨乾了，身體和內心早就承受不了！而長期積累的壓力不僅導致我們的身心疲勞，還可能導致我們神經內分泌調節系統的失調，出現像是驚恐、廣泛性焦慮、抑鬱、情緒煩躁等症狀。」

小動物們紛紛低下了頭，感覺好像河馬先生

說的就是他們自己。

河馬先生打破寂靜,繼續說:「大家也別忙著自省,還有第四種和第五種特質。我們先來說第四種:**討好型人格**。每個人都希望被別人讚美,都喜歡被誇獎,都不喜歡被批評指責,但第四類朋友甚至會犧牲自己的真情實感去取悅別人,去遷就順從別人,壓抑自己的真實需求和感受,不敢說不。他們可能會想,如果我真實地表達自己的想法和情緒,別人肯定是不會接受的,他們就會不歡迎我,所以我要盡力去表現出大家都喜歡的樣子。他們害怕別人的批評討厭,過分需要別人的認可,長期下來的結果就是內心的委屈和壓抑,甚至是憤恨。因為無論自己再怎麼努力地表現,總會有人不認可。自己越糾結,內心就越有更多的矛盾和衝突。」

馴鹿先生說:「那第五種是什麼,河馬先生,你快給我們說說!」

河馬先生繼續說:「第五種是**過度的控制欲**。過度的控制欲也是我們焦慮的一大來源,想要控制生活中的一切,希望生活完全按照自己的設想

發展,希望自己不要出現一些不好的想法,希望人與人之間不要有矛盾衝突,希望自己永遠健康,希望自己的每一步都是按照自己的期望走。但是事實上這是行不通的,我們能控制的事情其實很少,因為生活總是不確定的。所以每一次遇到事實與預期不符的時候,自己就會很沮喪,就會很緊張,害怕自己會失去很多,總是時時刻刻去提防各種各樣的危險,總是在防衛各種不好的

事情發生。」

兔子太太說:「我就是這樣的,尤其是在對孩子的問題上。」

個性來自於童年和成長經歷,也有遺傳的成分。有的人可能是從小父母就以高標準嚴格要求,耳濡目染接受了父母的價值觀,也可能是小時候老是被批評指責,一直順從著別人,認為自己什麼都做不好,也可能是想著避免批評和指責,就想辦法讓自己做得很完美,想辦法得到別人的認可,時間長了也學會自己批評自己,自己否定自己。

原生家庭父母的教養方式對個性的形成影響很大,但也不能一味地把責任推到父母身上,責怪父母。一個時代,會讓一代人有共同的烙印,這是社會因素,父母也受自身認知缺陷的影響,所以,我們需要不斷地學習成長,修正自己的性格特質,收穫自己的幸福,這就是成長的本質。

神經質者其實都是優秀的

馴鹿先生說:「自從我患上焦慮症後,總感覺自己的生活很失敗。我生病是因為自己有問題有缺陷,因為自己不夠好,自己太脆弱想太多,哎,我是多麼的失敗啊!」

河馬先生說:「不,馴鹿先生,事情並非你想像的那樣糟糕,事實上恰恰相反,所有焦慮症患者向上的願望都是非常強烈的。不論是完美主義還是討好型人格,其實都是在追求優秀,都是在追求自己認為的成功。一個人如果很怕死,這能說明他膽小嗎?當然不是,相反的,他很想好好地活著,並不想死。他擔心失敗,害怕被別人批評,這也正是因為他渴望成功,渴望得到別人的認可,渴望成為一個優秀的人,一個受人尊敬的人,這當然沒有錯了。」

馴鹿先生抬起頭,望著河馬先生,被他的話給震驚了。

河馬先生繼續說:「生的欲望和死的恐懼是

每個人都有的,生的欲望就是向上發展,想讓自己變得更好、更健康、更優秀;而死的恐懼就是害怕自己失敗,害怕被人看不起,害怕失去生命。它們看起來好像是對立的,但其實是一致的。生的欲望很強烈,死的恐懼一樣會很強烈。」

馴鹿先生似乎很有共鳴,忍不住說:「是啊,我發現我越想要表現好,就會越緊張擔心。如果破罐子摔破了,我根本不在乎,甚至更頹廢,什麼都無所謂,反而不會有緊張焦慮的感覺。奇怪的是,問題到底出在哪兒?」

河馬先生笑了笑，說：「我先跟大家講一個故事：有一個叫夸父的人，為了讓族人過上幸福的生活，想要抓住太陽並讓它聽從人的指揮，於是他就追著太陽跑。他有強壯的身體，他相信自己只要努力一定能夠做到，於是他努力奔跑，最終又累又渴，因為沒有水喝死掉了。這個故事告訴我們，只要努力就一定能成功嗎？」

馴鹿先生搖搖頭，說：「不，但凡有點理性，就會發現追逐太陽是一件很荒謬的事情。」

河馬先生認同地點點頭，說：「其實不難發現，很多時候，我們也在努力追趕著我們心中的太陽。從小老師父母就教育我們好好學習，一分耕耘一分收穫。為了考上好大學，找個好工作，放棄玩耍的時間，恨不得每天都是頭懸樑錐刺股，因為我們都知道吃得苦中苦方為人上人。

等真正到了社會上，我們驚訝地發現，這個社會發展的速度極快，知識日新月異，於是又努力地考研究所，考專業證照，學習更新的技能。我們也會犧牲休息的時間以及和家人團聚的時間，加班工作，期望這樣的努力可以讓自己過上想要的生活。

可是越學習,越努力,就會越迷茫。不敢懈怠,甚至玩的時候會有罪惡感,覺得對不起父母。每天神經都繃得緊緊的,絞盡腦汁想著怎麼進步怎麼成功,巴不得把自己弄成機器人。然後給自己制訂很嚴格的時間管理計畫,每天都給自己打氣,搞得自己很亢奮。

最後我們會變成什麼樣子呢?變成一個工作狂,除了工作學習就沒有任何的愛好,不懂得怎麼享受生活,對身邊的人也漠不關心,一停下來就很難受。」

馴鹿先生問：「我們追求優秀有錯嗎？」

河馬先生說：「我們認為的優秀就是比別人強。全校第一還不行，還得全市第一；全市第一也不行，還要全國第一。與其說是跟別人比，不如說是跟自己內心的那種理想狀態比。理想的自己是什麼樣子？事業有成，家庭幸福，財務自由，所有人都佩服自己。那現在呢？還不行，還差得遠，無窮無盡。需要學的知識無窮無盡，需要賺的錢無窮無盡，競爭的對手，比你厲害的人也無窮無盡。」

馴鹿先生長歎了一口氣，說：「哎，我就是這樣啊。從大學畢業後，6年來一直在大城市打拚，快節奏的生活和超強度的工作壓力，逼得我必須努力做好每一件事。看著同學們一個個都買房結婚了，可我仍然沒有存夠錢買房，仍然無法在這城市裡立足，無法過上自己想要的生活。

「從小學習優秀的光環就籠罩著我，我覺得我應該比別人優秀，背後也付出比別人更多的努力。我做銷售工作，常常從一個城市輾轉到另一個城市，半夜搭飛機，淩晨到，白天忙碌工作，

晚上又搭飛機趕往另一個城市。有時候連續飛上一個月，大家都叫我『飛行小王子』。不用出差的時候，我的焦慮症就會困擾著我，睡不著覺，我甚至還會自己喝一瓶酒，直到凌晨兩三點才睡著。就是長期這樣的生活，這樣沒有規律的睡眠和飲食習慣，透支了我的身體，焦慮緊張也不期而至。」

許多患焦慮症的朋友，從積極的角度來說，

他們挺正能量的，又上進又勤奮，還能吃苦，很多人也做出了一些成績，但他們總感覺自己還是不夠成功。他們有追求不盡的理想，對自己的期待太高，一旦結果跟自己的理想不符，就完全無法接受。面對壓力的時候，他們養成了一種不好的習慣，就是拚命地去逼迫自己，不斷地鞭策自己，像小陀螺似的不能停。

馴鹿先生說：「我也想停下來，可是沒辦法停呀！不幹行嗎？光講道理能當飯吃嗎？我們要生存，我們的前途，我們的生活都是被工作學業事業所捆綁，無論你多麼厭惡，無論多麼想逃離，最終還是要謀生的。我也想放下，但是放不下，我也想躺平，但是也躺不平啊！」

這番話說出來了大家的心聲，旁邊的小動物們都低下頭，彷彿在思考自己的生活。如果真要放棄，會面臨很多的迷茫，生活在這個社會環境當中，就要面對各種複雜的關係，面對競爭壓力，就要思考如何謀生的問題，複雜程度越來越高，所以迷茫也越來越高。

河馬先生說：「我們都是一樣的，都面臨著

外界環境和內在渴望矛盾的問題,這也讓我糾結了許久。現在我想,我們是否能夠讓頭腦冷靜一點,設定目標的時候稍微合理些,找一個合理的參照物,跟自己生活水準差不多的群體,對自己別太狠了,一定要知道自己的極限。還有,我們要學會適度休息,該躺一會兒就躺著,老躺著難受時,就可以站起來,動一動。雖然咱們沒法改變,但至少可以看清楚,選擇比較清醒地活著,而不至於被生活挾制,也不至於無所適從。」

刷朋友圈會讓你變得更焦慮

讓我們感到焦慮的，還有一個「身分焦慮」。所謂身分焦慮就是害怕自己比別人差，害怕不如別人，害怕自己被時代拋棄，被社會拋棄。這是目前社會上的「流行病」。

「為什麼會形成『流行病』呢？」大熊先生問。河馬先生回答說：「現代社會的分工不同，收入就會有差距，人有時會忍不住拿自己和別人比較，產生挫敗感。而朋友圈是個很特殊的時代產物，讓我們很容易看到別人的生活，但看到的也並非別人真實的全部生活。」

這還要從以前的時代說起，回頭看看我們的父執輩，那時候大家的生活水準都差不多，家用電器也僅是手電筒收音機，能有個黑白電視就很不錯了，大家的收入差別也並不是很大。再往前，爺爺那輩，能夠吃飽肚子就值得慶幸了。那時候資訊較封閉，認識的人，都是自己村或者是鄰村的人，沒有比較就沒有傷害。

進入現代化社會,每個人的分工都不一樣,而且分得非常細。你是公務員、老師,他是企業家,或是工程師,賺錢有多有少,雖然大家都生活在同一個城市,但生活的狀態很不一樣。更多的時候,我們滑手機看到別人的生活十分幸福,讓我們覺得又羨慕又嫉妒:看人家發旅遊、美食呀,多自由,不用天天上班。再看看人家當公務員、教師的,總覺得人家收入真穩定。再看那些創業當老闆的,覺得人家都是富豪,每天都喝著「82年的拉菲」(lafite1982,法國紅酒),

享受著紙醉金迷的生活。再看看自己，難免會拿別人來跟自己做比較。

我們現在都有刷朋友圈的習慣，看看朋友圈發生了什麼新鮮事，但往往越看越焦慮。

你看人家誰誰買房了，買車了，升職加薪，家庭幸福。再看看自己，簡直沒法看，皮膚越來越差，年齡越來越大，事業也沒有什麼大的發展。感覺其他人都活得那麼瀟灑愜意。人和人的差別怎麼這麼大呢？

這個問題當然不在朋友圈，問題就在於我們跟別人的互相攀比中，很容易就迷失自我，陷入身分焦慮。

「那我們該怎麼化解呢？」大熊先生問。

河馬先生說：「別拿自己跟別人比較，比不了也沒法比。咱們過好自己的生活，多關心自己，少關心別人。對自己的生活多點關心，關注自己一天24小時應該怎麼過，多去做點實際的事，我們的關注點不該是比別人強，比別人優秀，而是在自己現有的條件之下，能夠盡力過好自己的人生，完成自己確定的目標，這就夠了。

看人家企業賺了錢,其實背後風險也很大,有數據顯示,很多企業都活不過三年,可以說是九死一生。看起來好像很多人都成功了,背後的辛酸又有誰能看到。表面上的都是成功故事,失敗的故事鮮為人知。」

其實每個人都有每個人的壓力,誰也別羨慕誰,別光看賊吃肉,沒見賊挨打。朋友圈誰不都是發好的一面?你所看到的,大部分都是別人希望你看到的,沒有人會把煩惱掛在嘴上,都是自己關起門來默默地消化。

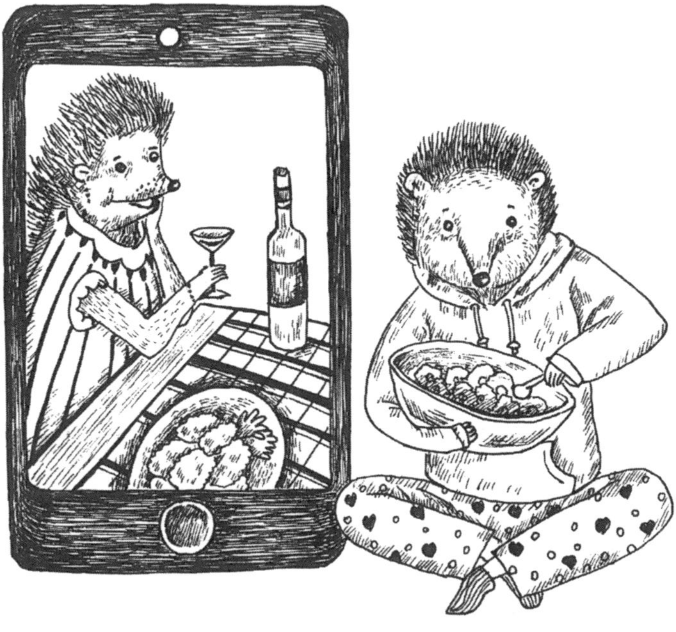

別人只看得見你飛得高不高，並不在意你活得累不累

河馬先生說：「從媒體上我們最容易看到成功的故事，而成功的故事都是勵志的正能量故事，正能量的模範，讓我們覺得，活成那個樣子才是理想的樣子。」

對精英的無限崇拜讓我們塑造的價值觀，認為就應該勤奮向上。我們必須積極陽光，一旦有負能量，一旦懶惰，一旦消極就不對，於是開始

批判自己墮落頹廢。但凡出現一點消極想法，都會感覺自己不正常，感覺自己充滿了負能量，必須注入正能量。

我們都想成為精英，但都不想成為自己，對自己總是有很多的要求。我們對自己總是不滿意，甚至沒事就挑自己的毛病，這樣能感受到幸福嗎？

河馬先生說：「別人只看得見你飛得高不高，並不在意你累不累！」

我們每個人都渴望被尊重，渴望得到別人的關注和認可；對自己的價值判斷，很大程度來自於別人的評價。但是現實情況是什麼呢？大家都在忙著自己的事情，很難有耐心看到我們的內心世界，能被識別的只有表面所呈現出來的結果，比如外貌、財富、學歷、工作成果等等。而正在努力還沒有成果，或者成果很不起眼的人，這時候是不容易被看見的。交心的朋友似乎越來越少，得不到外界的認可和尊重，內心就難免失落。

小動物們聽河馬先生這樣一說，紛紛低下了

頭，內心有種被針扎的刺痛感覺，似乎回想起自己生活中的一幅幅畫面。

又是刺蝟先生率先打破沉寂：「外界的環境，別人的看法我們改變不了，我們現在到底該怎樣做呢？」

河馬先生說：「我們不要總想著把自己變成一個理想的樣子，也許我們最大的改變不是變成了誰誰誰，而是接受了真實的自己，可以心甘情願地去享受自己的人生。」

該工作就工作，該賺錢就賺錢，但對自己要

有一個合理的期望，別對自己要求太高。人總有懶惰的時候，勤奮的時候找到一個平衡點，讓工作休閒同時兼顧。情緒肯定是起起伏伏的，我們也不能要求自己總是積極的正能量，偶爾負能量也是合情合理的，可以休息一下，再繼續前進。

當你遇到別人的白眼、鄙視時，沒必要生氣，因為這只是別人的看法而已。他人讀不懂你，對你產生負面評價，也不能據此來斷定成王敗寇誰對誰錯。如同演戲一樣，別人的劇本不一定適合自己，強行陪演只能是綠葉陪襯跑龍套。因此只要自己當下所做的事情是「己之歡喜處」「利人利己處」「未來可期處」就可持續地去做。

有人看不起你，但你不能當真，我們得看得起我們自己。就算別人不信，但你得相信你自己，我們對自己永遠要有信念。「誰說站在光裡的，才算英雄？」事實上，世界永遠是「80/20法則」，你只需做好你自己，條條大路通羅馬，各有各的陽關道與獨木橋，任何成功的路徑都是難以複製的。

身體比我們更瞭解自己

這一兩年來,河馬先生不斷學習如何與焦慮症相處,現在已經恢復了正常的生活。雖然有時候他還是會感到焦慮,但是已經和焦慮成了朋友。當焦慮來到身邊的時候,河馬先生學會了體會它,走近它。

回想這段時間,河馬先生說:「我要感謝我的焦慮症,因為焦慮症,讓我反觀我的生活,調整我的生活方式。」身體上的不舒服只是在提醒我們,自己一定是忽略了什麼。

河馬先生說:「儘管這些病症讓人相當苦惱,但是,它實際上是預警信號,我們的身體擁有阻止其自損的內部機制。**初期的驚恐症和焦慮症狀可以被視為你的身體迫使你,在把自己逼向嚴重疾病和死亡之前,放慢速度,調整生活方式。**」

我們自己並沒有意識到自己在過度消耗自己,自己在攻擊自己,但身體提前看到了你可能會把自己搞垮,然後,迫使你放慢腳步,重新調

整自己。身體比我們更瞭解自己。

　　我們的個性並沒有什麼嚴重的缺陷，只不過我們有時不太懂得如何運用自己的個性和向上的欲望，一但用偏了，就滑向了恐懼的一邊，整個人都在消極防衛，都在圍繞著恐懼打轉。**焦慮恐懼的來源，以及導致自己焦慮的根本，就在於想法的矛盾、內心的衝突與偏差。**

　　我們並不瞭解自己，也不了解如何才能讓自己變得更好，如何去發掘自己個性中的潛能，也不知道用什麼方式去追求成功，甚至也不知道什

麼是成功，什麼是完美，更不知道如何才能真正得到別人的認可。當然我們也不用自責，因為學校也沒教過我們，出社會也是在忙著賺錢謀生。我們從小到大都沒有好好學過怎麼減壓，怎麼去處理負面情緒和亂七八糟的想法，這些都不知道。所以，在這種無意識的情況下，我們走到了今天。生活的「再教育」，就是讓我們去糾正自己的生活態度，或者換一種方式去思考問題。現在再看看自己的處境，那些引發我們焦慮的外在壓力，究竟想告訴我們什麼？想讓我們學會什麼？

　　感謝焦慮症，它讓我愛上自己！

　　感謝焦慮症，它讓我懂得了珍惜身邊人，看懂身邊事！

　　感恩焦慮症讓我完成蛻變！

當我真正開始愛自己

最後,將卓別林的詩《當我真正開始愛自己》送給所有人。

當我真正開始愛自己
我才認識到
曾經犯下的錯原來也有美
如肥沃的泥土為植物提供豐富的營養

全然接納自己的黑暗面
正如全然接納自己的光明面
於是從今天開始
我無條件地接納自己的每一面
今天我終於明白了
這叫「誠實」

當我真正開始愛自己
我才發現
放下對結果的執著
無需苛求自己一定要成為誰
今天我只做有趣和快樂的事
細細品味每一餐飯
欣賞花園角落裡的小草
用我自己的方式，以我的韻律
安住於當下
今天我終於明白了
這叫「看見」

當我真正開始愛自己

我才懂得

把自己的願望強加於別人

是多麼的無理

我開始學習不再苛求別人

不帶任何評判地對待任何人

包括我自己

今天我明白了

這叫「尊重」

當我真正開始愛自己

我開始學習擁抱變化

在改變中，我創造生命的豐盛

用暴風雨的洗禮帶來徹底的改變

我因改變而啟動內在的力量

內在擁有無窮的力量

這股力量給我意想不到的創造力

今天我明白了

這叫「醒悟」

當我真正開始愛自己
我才理解
原來「愛」這顆種子一直在我心間
從未曾遠離
我願意將愛留給自己，讓它開花結果
也願意賦予身邊的每一個人
今天我明白了
這叫「豐盛」

我們無須再害怕
自己和他人的分歧
矛盾和問題
因為即使星星有時也會碰在一起
形成新的世界
我願意對生命中的每一件事說：我願意
今天我明白
這就是「生命」

焦慮來了，怎麼辦？
河馬先生與動物朋友們的互助聯盟與自救之旅

作　　者｜王蕾
社　　長｜林宜澐
總 編 輯｜廖志墭
主　　編｜鄭雪如
封面設計｜萬勝安
內頁排版｜張峻檤

出版｜蔚藍文化出版股份有限公司
　　　地址：110408 台北市信義區基隆路一段 176 號 5 樓之 1
　　　電話：02-2243-1897
　　　臉書：https://www.facebook.com/AZUREPUBLISH/
　　　讀者服務信箱：azurebks@gmail.com

總經銷｜大和書報圖書股份有限公司
　　　　地址：248020 新北市新莊區五工五路 2 號
　　　　電話：02-8990-2588

法律顧問｜眾律國際法律事務所
　　　　　著作權律師：范國華律師
　　　　　電話：02-2759-5585
　　　　　網站：www.zoomlaw.net

印　　刷｜世和印製企業有限公司
ISBN｜978-626-7275-46-7
定　　價｜380 元
初版一刷｜2024 年 11 月

本书繁体版由四川一览文化传播广告有限公司代理，经重庆出版社有限责任公司授权出版。

版權所有 翻印必究 / 本書若有缺頁、破損、裝訂錯誤，請寄回更換。

國家圖書館出版品預行編目(CIP)資料

焦慮來了,怎麼辦?:河馬先生與動物朋友們的互助聯盟與自救之旅 / 王蕾著. -- 初版. --
臺北市:蔚藍文化出版股份有限公司,2024.11
208 面;13*19 公分
ISBN 978-626-7275-46-7(平裝)
1.CST: 焦慮 2.CST: 情緒管理 3.CST: 通俗作品

176.527　　　　　　　　　　　　　　　　113014292